警惕“灰犀牛”

政府债务化解与可持续融资

何高峰◎著

经济日报出版社

序一 地方债务的消弭与可持续融资曙光

贾 康

据官方权威信息披露，截至2017年年末，中国地方政府的债务存量在16.47万亿元左右，其中约14.74万亿元为政府债券，还有约1.73万亿元为非政府债券形式存量政府债务，合计约相当于当年GDP的20%。

防范化解地方债务风险，重点何所指？我觉得16万亿元出头的地方债存量，不足以令大家这么兴师动众，摆出“严防死守”的架势来共抗“时艰”。重点应该关注除地方债阳光化的存量之外，新的隐性债在哪里。或许有少数地方融资平台仍然违规继续隐性举债，但比重和危害都不会很大。

目前，大家最关注的可能还是PPP的风险。这的确到了检验金融体系监管睿智的时候。但总体来说，仍然需要重返原来讨论地方隐性负债时的思路，标本兼治还要寻求治本为上，治本则应特别推崇疏堵结合、堵不如疏的大禹治水的古老智慧。搞市场经济和深化供给侧改革创新发展守正出奇，地方政府需要有偿筹资并提升绩效的负债机制，堵死是不解决问题的，那是鸵鸟政策。地方政府的“有为”要跟市场机制的“有效”来对接，那么，有偿取得资金的机制怎么样让它健康可持续，显然成为疏堵结合的关键。

总的来说，在疏堵结合、堵不如疏的思路下，我的基本观点是密切注意风险防范的同时，不要走到另外一个极端，管理不能总是矫枉过正。现在，从地方层面上看，普遍反映的就是禁忌太多，不作为反而不会有麻烦。如果不积极营造创新的氛围，一切从紧，一动也不敢动，就不可能出现创新的空间。都在说小规模银行对 PPP 已坚决停贷，其实是在静候财政部清理退库的消息，那样才能看清哪些不能再给贷款支持了，否则会十分被动。试问，前面已经签的不少项目，建到一半突然卡住了，该怎么来收拾残局？毕竟，留下一地鸡毛似的半拉子工程是谁都不愿意看到的。

前些年，BBC 曝光了武汉，说它的债务如何严重。那个时候，我的基本看法是，到了这个关口就需要咬咬牙冲过瓶颈期，没有别的选择。因为政府一旦丧失公信力是最糟糕的。完全可以阳光化地说清楚负债是多少，解释清楚这些负债对应的是什么项目，一旦建成，对于地方的经济腾飞起什么作用，因而积极组织可能的财力支持它，不要落下一大堆半拉子工程。

现在，武汉的腾飞有目共睹，其发展之势不但惠及当地，而且带动周边，令人鼓舞。

从国际比较来说，中国现在地方政府的债务总共是 20% 出头，加上中央的，是 30% 多一点。按照社会上的估测，几个方面都加一点，也就是加到 40%、50%，而欧盟的预警线是 60%，对此美国、日本都不认账。在前几年，德国、法国也没守住欧盟的预警线，客观地讲，他们也给了弹性空间，才形成了现在的较好局面。

中国现在如果就觉得风声鹤唳，我觉得有一点误导。日本公共部门负债达到 250%，为什么没有人说日本要崩溃？据解释是因为日本的公债有 90% 多是本国国民持有，这跟中国高度一致，中国公债的 90% 多也是自己人持有，甚至比重比日本还要高。当然，日本海外资产的支撑力很独特，我们也有一些向日本学习的必要，这些都还需要适当积极地来全面考虑问题。

还需要注意的是，投融资永远有风险，在积极防范风险的同时要实事求是地找到风险点，力求看准风险点，争取有效控制的同时又避免一刀切控制风险的做法，那样可能是违背改革精神和中央防范风险的实质性要求的。

中国城镇化、工业化总体发展的纵深相当可观，可做的项目投资俯拾皆是，PPP 的事情做好了能支持中国继续超常规发展。比如中国 100 多个百万人口规模以上的城市，无一例外都要尽快有一个高水平的顶层规划，学习雄安、学习其他值得肯定的经验，各自的网状公共交通系统的建设，宜早不宜迟，需在未来的几十年不断地建下去。一定要赶快建成四通八达密度足够的轨道交通网，这正好可以通过 PPP 来加快推进。PPP 不光带来资金，还带来管理经验，带来绩效提升，是创新发展中供给侧的守正出奇。

中国地方政府债务的化解和可持续融资能力的建设是一个长期的、系统的工程，需要各地根据自身条件因地制宜提出相应的解决办法。因此，我们应当鼓励地方政府官员在这方面勇于探索、有所作为。

读者面前的这本《警惕“灰犀牛”》，在这方面显然开了个好头，体现了学有所用、干有所为、行有所思的新时代基层官员“踏石留印、抓铁留痕”的务实作风。

作者何高峰作为一名基层挂职干部，曾先后在新闻媒体、金融机构及地方政府工作，对地方政府债务化解和包括 PPP 在内的地方政府融资有着丰富的实战经验，对于地方政府债务形成的历史、现实原因和体制因素，有着清醒的认识，并针对性地提出了应对之道，实为难得；同时，对如何构建地方政府可持续融资能力，在实践的基础上得出了诸多可借鉴的经验，值得赞赏。

我认为，来自本书的案例和思考，十分有利于丰富和深化人们对地方政府债务问题的探讨和求索。

是为序。

（作者为华夏新供给经济学研究院首席经济学家、原财政部财政科学研究所所长）

序二　用理论和体制创新摁住地方债“灰犀牛”

丁安华

地方政府债务问题是近年来国内外高度关心的问题。国际货币基金组织（IMF）和国际清算银行（BIS）近年来一直在提示相关风险，2017 年标普、穆迪、惠誉三大国际评级公司以此为主要理由，调低了中国主权债务的评级。国内，“灰犀牛”这一概念得到诸多共鸣。我们国家正视这一问题，提出了解决方案。防风险作为“三大攻坚战”之首，正在稳步推进。这不仅涉及到财税制度改革，也涉及到金融体系的调整。更深远地看，这是中国社会治理现代化和经济体系现代化进程不可或缺的一环。

理论上看，大国财政必然涉及分权与制衡。大国的中央政府难与广大民众直接沟通，需要地方政府作为代理人居间协调。正如马里兰大学的华莱士·奥茨（Wallace E. Oates）教授的巨著《财政联邦主义》（Fiscal Federalism）所指出的，地方政府比中央政府提供公共物品的效率更高，更有利于实现社会福利的帕累托最优。这时，中央和地方政府就形成“委托—代理”关系，需要适当地设计财权与事权的分配制度，让中央对地方能够有效进行激励和约束。纵观全球，中央与地方财政关系大致有三大类型。第一类是行政控制机制，这在单一制的国家中比较普遍，比如过去日本和巴西的地方政府举债就需要中央政府审批。但是，他们都失败了。日本的情况是管得过严，地方政府钱不够花，支出乏力，连带损害经济增长；巴西的情况是管不住，导致 20 世纪 80 年代后期到 20 世纪 90 年代中期三次地方债务危机。第二类是“规则 + 协商”机制。典型例子是欧盟，《马斯特里赫特条约》对财政赤字率有明确规定，财政赤字占 GDP 的比例不得超过 3%，但是在实际操作过程中，各成员国如确实需要突破的，也可以通过欧盟委员会进行协商。日本和巴西现在也是这种体制。第三类是市场约束机制。典型例子是美国、加拿大。每级地方政府都有自己的评级，发行自己的债券，能发出去多少，利率多高都由市场决定，违约了也是市场的事。

我国的地方财政和举债机制属于审批制，中央规定地方举债限额，省级政府审批并代发地市及县级政府每一笔债券。但是我们正在向市场机制过渡，地方政府债券通过市场发行和流通，而且其发行利率已经出现了分化，总的来看是负债率越高、偿债压力越大的省份发债利率越高。暗含了地方政府部分信用的城投债分化更为明显，而且城投债违约的个案也闯出了一些市场化解决的路子。另外，考虑到地方政府与房地产相关的收支，这一机制就更趋复杂和精妙了。众所周知，“土地财政”是我国地方政府财政的股肱之力，也是各地“经营城市”、经济竞争的重要砝码。张五常教授在其力著《中国的经济制度》中指出，中国经济得以持续高速增长，以县为单位的地方政府之间的竞争功不可没；围绕地价的优惠、减让和涉及房地产的增值与税收，中国地方政府和招商引资而来的企业之间缔结了完美的“佃农合约”，让中国企业的运营成本大大下降，效率大大提升，这也是宏观税负较高的中国企业在全球竞争力反而较强的重要原因。从运行机制看，我国各地房地产供求和价格总体上是市场化的，同时也受到“分城施策”政策的调控，住建部和人民银行又分别从房地产政策和信贷政策方面抓总，形成“市场 + 规则 + 协商”的综合体。

在多重机制的约束下，地方政府通过举债，一方面积累了一些市政、交通等方面的优质资产，改善了城市面貌和投资环境，促进了本地经济的发展；另一方面，也一定程度上带来了产能过剩、环境污染、债台高筑等问题。要正视问题，给出解决方案，了解地方政府债务的来龙去脉，探究债务置换、PPP、资产证券化等技术细节，是非常有意义的。

《警惕“灰犀牛”》的作者何高峰是我在招商银行的同事，曾经担任财经记者和编辑。两年前他被派往地方政府挂职，结合自己地方官员的经验，以及独立观察者的视角，针对地方债务化解与可持续融资整理了相关文章和案例。本书的特点是脉络清晰，案例翔实，政策性和操作性强，读者们可通过这本书了解地方政府投融资运行真实现状。祝愿何高峰在挂职期间学有所获，干有所成，也希望招商银行的同事们在工作中注重调查和研究，为我们的客户，为广大读者提供了解问题的第一线视角。

（作者为招商银行首席经济学家）

序三　地方债的“明斯基时刻”是否已经来临？

陈兴动

地方债是一个不轻松的话题。而且迫在眉睫的是，已经积累到难以为继的临界点。那么，地方债的“明斯基时刻”是否已经来临？

公开数据显示，我国显性地方债规模约有 16 万亿元，相当于 2017 年度 GDP 的 20%，如果考虑地方政府手中掌控庞大的地方国有资产，这点地方债怎么算也不大，的确不足以担忧。问题的关键在于，是不是真的只有 16 万亿？事实上地方债讲不清楚，才是本质的问题。

大家一般讲的地方债的概念，与国际清算银行、国际货币基金组织讲的地方债的概念完全不一样。而试图从不同的角度去推算、估计地方债的规模更是一大特色。2014 年、2015 年的时候，中央下决心摸底地方债，摸出来政府债务的三个概念。第一个概念，是地方政府直接负有偿还责任的债务，这部分债务的规模约为 15 万亿元；第二和第三个概念是政府负有间接责任和有帮助责任的债务。

既然是政府负有帮助责任的，那么这部分债务可能就要算进政府债务里面。我看到一个数据是，截至 2014 年末隐性债务有 8.6 万亿元。此后有人跟踪 2015 年至 2017 年的情况，除了纳入预算的地方债之外，又以其他隐性方式增加了 23 万亿元，这里面包括明股实债的 PPP、政府购买服务、BT、地方政府专项基金以及平台公司的融资，等等。

最近，财政部坚定地表示，国家坚决不允许地方有中央政府会买单和兜底的“幻觉”。当然，不兜底是个好说法，但关键问题是中央不兜底地方债不等于地方债问题就不存在了。就算地方债的增量部分可以通过采取坚决办法加以严控（其实我还担心，中央如何真正有效节制地方举债的压力和冲动），但存量部分已经存在，怎么办呢？又不可能让地方破产。

当前地方政府融资平台的资产收益率和股本收益率都很低，现金流也有问题。这表明地方债已经到了难以为继的地步了。换句话说，我们面临的现实是，地方政府过去发生的债务已经不能再继续拖下去了，不能再让债务泡沫叠加。一旦紧张起来就容易出问题。

2017 年 12 月份的中央经济工作会议提出 2018 年要处置重大金融风险。这表明 2018 年政府要直面挑战，着手解决已经形成的问题。但要避免由于各个部门太过紧张，从而把以前不是问题的问题变成问题。

首要的是，经济还要继续增长。不提具体增长目标，不等于增长目标不重要。如果没有经济的增长，债务问题更没办法解决。现在降低对地方官员关于 GDP 增速的要求，强调环境保护等方面，使得地方官员对于经济增长的压力也没有以前那么大了。在这种情况下，如果增长势头减弱，债务的压力就会变得非常大。一方面，2018 年要推动解决地方债的问题，使得过去敢投资的金融机构和个人投资者感到十分紧张，因而收紧投资；另一方面，经济高速增长期已经过去，防范化解金融债务风险的有利条件被削弱了。

我最近跟日本财政部的一个副部长探讨了这个问题。他也跟中国财政部交流过关于 PPP 和债务问题的意见。他建议中国一定要及时冲销政府投资当中无效的部分。日本现在 250% 的负债率是说得清楚的，即所有的负债相对应的资产几乎一目了然。而我们现在的问题是，虽然债务存在，但债务对应的资产不知道是否存在。这里有两个“说不清”，一个是说不清楚有多少债，另一个是说不清楚这么多的资产在干什么、有多少收益。没有相对应资产的负债就应该核销掉，用其他有效的地方国有资产置换出来，逐步推进市场出清。因此，当务之急是将债务以及债务对应的资产梳理清楚、透明化，让投资者有信心投资，也就是市场化的机制。

关于PPP项目，我认为PPP项目和地方债务问题是有关联的。做PPP项目的道理很简单，就是得有盈利。新加坡、中国香港、日本的很多PPP项目做得都很好，有许多值得借鉴的经验。你想，为什么日本的铁路PPP项目能够做得那么好？主要是因为铁路地产在火车站的基础上大规模发展地铁，地铁车站里面汇集了购物、饮食、娱乐等服务设施，投资者当然有兴趣做这件事。因此，PPP项目可以做，关键是如何甄别。

关于地方债利率的问题。地方融资成本的确太高了，需要想办法降低。政府宏观调控要设计出让市场利率能够根据风险进行定价的机制。目前尽管一年期的存款利率只有1.5%，但是2017年居民的储蓄存款仍增长了7.6%。在储蓄存款利率这么低的情况下，储蓄还是增长了。为什么？现在普遍的都去做理财，但是会发现高净值的人会把相当一部分的现金流放到银行做储蓄存款，他们还是有配置低风险金融产品需求的。眼下一个关键问题是如何打破刚性兑付，让所有人意识到银行承诺的预期收益部分不一定是可以保证的，不仅如此，理财产品还是不保本的。如果风险意识强化，风险定价成为常态化，政府债、地方债、政策性金融债的利率都是可以降下来的。

《警惕“灰犀牛”》一书就是在这样的背景下出版的。作者何高峰结合金融从业经历和在地方政府投融资方面积累的经验，对政府债务和融资活动所涉及的基础理论、政策制度、管理体制和运作机制等一系列问题，进行了深入思考和系统研究。书中还针对政府融资平台转型及PPP项目具体操作问题，提出了不少颇有见地的观点和解决方法。我认为该书的出版发行，对于各级政府、相关金融机构和专业人士，研究政府债务风险化解和可持续融资工作，会起到积极的借鉴作用。

（作者为法国巴黎银行中国首席经济学家）

前言

地方政府债务风险到底有多大？近年来日渐成为人们关注的热点问题。

进入 2018 年，随着“债务问题终身追责”严峻政策的推出，监管部门清查违法违规举债力度不断加大。尤其是中央政府对作为我国经济风险主要策源地之一的地方债“灰犀牛”的重视和相关防范措施的强调，让人们更加深刻地认识到问题的严重性和紧迫性。而更为引人注目的是，针对地方政府债“灰犀牛”问题，全国人大常委会部分委员的建议十分犀利：提出倒查政府有关人员的责任，落实责任制；建议加快财经财税体制改革的进度，给予地方政府与其履责相匹配的财力和财权，以及稳定的税源，从源头上来减少地方政府对债务融资的过度依赖。

为什么写这本书？

笔者先后在新闻媒体、金融机构、地方政府工作。尤其是最近两年在地方政府分管投融资工作，碰到最多的问题就是：一边是政府债务怎么化解，而另一边很多项目需要“上”，钱从哪里来？风险怎么控？因此，大有“久病成医”之慨叹。细细梳理这些问题时，一个念头猛然跳出来，何不做一些较深的探究整理成文，就教于业界广大的基层工作者？于是，不断求教于专家学者、政府管理者、金融机构从业者，做了较深的学习、交流，以发现问题并寻找可能解决之道。

本书将解答以下几个问题：

地方政府债务作为“灰犀牛”所指之一，风险是如何形成的，有哪些当期因素，又有哪些历史和体制原因？监管部门如何积极有效化解，如何在化解地方政府债务风险的同时，构建地方政府可持续的融资能力？如何通过全方位的改革，来完成存量债务化解和增量能力构建这一双重任务？又如何在完成双重任务的过程中，更好地助推改革……

毫无疑问，以上问题解决了，地方债“灰犀牛”风险也就被化解了。

关于本书的几点说明：

作为一个实务工作者，笔者并没有深究专业理论。故在定稿时将文中一些定义和公式悉数删去。因此，本书并不是一本学术论著。

正因为服务于实际工作这个初衷，本书也尽量使用通俗易懂的语言。

在此简单介绍一下本书的章节内容：

第一章，旨在描述地方政府债务风险的现状，并对相关部门推出的应对举措进行了梳理。

第二章，对地方债务形成的历史、现实和体制原因进行了梳理和探讨，其中涉及中央和地方财政关系的变革、分税制的得失、地方政绩考核机制的变迁和地方投融资理念、工具、手段和城投的流变。

第三章，着重探讨了地方政府债务的化解之道，对当前正在推进的地方债务置换和专项债的推出等举措及其效果进行了考察，并就化解之道未来可能演进的方向和可能涉及的财政金融工具、手段和平台进行了介绍。

第四章，就城投的转型之道进行了探讨。地方政府投融资平台既是地方政府债务形成的重要推手，是化解地方政府债务需要重点关注的对象，也是化解地方政府债务和构建地方可持续融资能力的重要平台，其转型顺利与否，在很大程度上将决定地方政府债务攻坚战的成败。

第五章，对当下炙手可热的 PPP 模式进行了盘点和考察，更对其中已经或可能产生的风险进行了剖析。PPP 模式运行顺畅与否，将在相当长一段时间内决定地方政府投融资能力增量建设是否顺遂。

第六章，探讨了在地方债务处置和新增投融资中推行资产证券化的可行性和可能路径。如果运用得宜，资产证券化可有效盘活地方政府存量资产，并为 PPP 模式中的投资觅得有序退出路径，提高资金使用效率。

第七章，就地方政府与金融机构如何在公开透明规范运作的基础上打开新的合作空间求得新的合作方式进行了探讨，并对实践中的工具和平台进行了考察。

第八章，重点探讨了地方政府债务化解和地方政府可持续融资能力建设中的地方政府转型之道。实践证明，不解决地方政府新时代的角色定位，不对地方政府进行新一轮还权赋能，仅仅依靠外部阶段性整肃，无法从根本上遏制地方举债冲动，同时也无法有效构建地方政府可持续的融资能力，从而无法有效化解地方债“灰犀牛”风险。

由于能力和眼界所致，本书的观点难免存在缺漏和谬误，谨请读者和专家予以指正。如有建议和商榷，欢迎发送至我个人的交流邮箱：jthxn007@163.com。

何高峰

2018 年 4 月 22 日于湖南澧县

目录

序一　地方债务的消弭与可持续融资曙光

序二　用理论和体制创新摁住地方债“灰犀牛”

序三　地方债的“明斯基时刻”是否已经来临?

前言

第一章　整肃地方债 /1

“谁家的孩子谁抱”/3

地方债“灰犀牛”离我们有多远 /7

“堵后门、守底线”/10

违规举债问责那些债 /19

延伸阅读：监管“风暴”来袭 /24

第二章　地方债溯源 /35

体制溯源 /36

土地财政功与过 /39

围绕土地联姻 /43
融资平台是与非 /47
延伸阅读：“病根”探究 /50

第三章　化解地方债 /55

存量债务置换 /56
化解城投债务 /63
地方债正确打开方式 /66
化解地方债另三个“选项”/77
国际经验及启示 /86
延伸阅读：严控隐性债务 /91

第四章　城投转身 /95

遭遇困境 /96
探路转型 /100
“1+1>2”/104
寻找平台“替代者”/111
延伸阅读：转型之惑 /115

第五章　PPP 前行 /119

读懂 PPP/120
PPP 操作规程 /124
歧途与纠偏 /134
PPP 再出发：守正与创新 /137
延伸阅读：做真 PPP/139

第六章　资产证券化寻路 /143

当 PPP 遇上资产证券化 /144
实操路径 /150
解码“PPP+ABS”/156

障碍与前路 /161
延伸阅读：资产证券化再发力 /162

第七章　地方政府与金融界联姻 /167

地方政府与金融机构合作小史 /168
产业基金成“新引擎” /172
债转股“在路上” /183
项目收益权质押或打开“另一扇窗” /185
延伸阅读：创新银政合作 /187

第八章　地方政府再赋能 /197

地方政府须提升信任资本 /198
提速央地关系变革 /199
加快地方主体税种构建 /203
扩大地方自主发债权限和规模 /207
地方政府融资可持续性 /210
延伸阅读：“老财政”的新挑战 /212

结　语 /217

主要参考文献 /221

第一章

整肃地方债

2018年新年伊始，中国整肃地方债务之举来势迅猛，可谓风卷残云、声威并施。

据新华社报道，2018年1月3日，中共内蒙古自治区第十届委员会第五次全体会议暨全区经济工作会议上，内蒙古自治区党委坦承已停建、缓建一批政府过度举债的项目，坚决叫停包头地铁项目和呼和浩特地铁3、4、5号线项目，全面梳理在建和计划建设的政府投资项目；并且明确提出从2017年起，利用3至5年、争取用3年时间把政府债务率降到合理水平。

除内蒙古之外，多地政府停止了一些重大城建项目，还有一些地方政府纷纷宣布“调整”GDP数字，挤出政府财政收入的泡沫。

整肃地方债，是化解地方债务风险的先行步骤。只有打破多年来政府和金融机构形成的痼疾，才能推动用市场化的手段化解地方债务，促使地方政府融资向着打开的前门以合规的方式进行，从而达到整肃的重要目标——打破多年来形成的债务会由政府，尤其是中央政府买单的惯性思维。

早在2017年岁末，针对地方政府债务的史上最严整肃令业已发出。

12月23日，审计署公布了《关于2016年度中央预算执行和其他财政收支审计查出问题整改情况的报告》。其附件1中《财政部关于坚决制止地方政府违法违规举债遏制隐性债务增量情况的报告》，不仅分析了地方政府违规举债的成因，还以空前严肃的口吻提出了下一步的整肃方向。

报告指出，未来将严禁地方建设形象工程、政绩工程以及脱离当地财力可能的项目，管控好新增项目融资的金融“闸门”。要求严格按商业化原则提供融资，对没有稳定经营性现金流作为还款来源或无合法合规抵质押物的项目，金融机构不得提供融资；强化央企债务融资管控，严禁违规为地方政府变相举债；坚持中央不救助原则，坚决打消地方认为中央会“买单”的“幻觉”，坚决打消金融机构认为政府会兜底的“幻觉”；严禁新设融资平台公司；严禁融资平台公司做与政府信用挂钩的误导性宣传；防止地方国有企业和事业单位“平台化”；坚决制止地方政府将公益性事业单位演变为融资平台；研究出台终身问责、倒查责任制度办法。

此前召开的中央经济工作会议，对于地方债问题也非常重视，提出“切实加强地方政府债务管理”，并把地方债当作“三大攻坚战”之一的“化解重大风险”的重要内容。

事实上，更早些时间，即 2017 年 7 月 15 日，中共中央总书记习近平就在中央金融工作会议上对地方债提出了严厉要求：“各级地方党委和政府要树立正确的政绩观，严控地方政府债务增量，终身问责，倒查责任。”

“终身问责、倒查责任”的明确提出，充分表明了中央控制地方政府债务问题的决心之决绝。随之而来的是，各地政府施政者对待债务问题也将更加敏感。之前某些官员为了政绩而大量举债、把还债压力转嫁给后任者的陋习，再也行不通了。从目前对一些违规举债现象的处理来看，问责与追责已然是利剑高悬，大有斩妖除魔之势。2018 年年初，在财政部官网“地方债管理”专题下，“查处问责”一栏已公布了八个省市多个县市地区的违法违规举债担保的问题。

过去的 2017 年，也已然成为财政部对地方政府违规举债的问责元年，财政部驻各地的监察专员办事处也正积极发挥监管作用。

“谁家的孩子谁抱”

一份《财政部关于坚决制止地方政府违法违规举债遏制隐性债务

增量情况的报告》，罕见祭出“谁家的孩子谁抱”的民间箴言，强调要打破“两个幻觉”——即坚持中央不救助原则，坚决打消地方政府认为中央政府会“买单”的“幻觉”，坚决打消金融机构认为政府会兜底的“幻觉”。

强力打破两个“幻觉”，我们看到了中央政府从市场化的角度“化解存量隐性债务”，并且一定要“落实地方政府属地管理责任”的决心和信心，“谁举债、谁负责”“谁家的孩子谁抱”，意味着金融领域将回归它的本能和天性，现在到了九九归一、正本清源的时候。

多年来，地方建设与政府信用挂钩，形成了一个心照不宣的“潜共识”（久而久之，还养成为可怕的集体“无意识”）——城投平台或其他方式的债务一定会有“政府财政兜底、中央财政兜底”。这样的心理预期，经过长时间的发酵，迎合并造就了一些地方政府扭曲的政绩观，更是衍生了金融机构层出不穷的规避监管的“无奈操作”手段。之前，尽管从国务院到财政部、再到一行三会，开立多项负面清单，但都无法引起地方政府和金融机构对地方政府隐性债务有所警醒，相反，大家依然热衷于举债建设，以致造成地方政府违规担保屡禁不止的“明斯基”之忧。

从全国金融工作会议要求，各级地方党委和政府要树立正确政绩观，严控地方政府债务增量，终身问责，倒查责任，到财政部预算司有关负责人表示，各省级党委、政府从加强领导、完善制度及查处违法违规行为等方面，认真贯彻落实中央决策部署，“终身问责，倒查责任”的原则正在落实。大家已经很明显感到，这一次可不再像往常那样只是“雷声大，雨点小”了，而是确切刮起了整肃风暴，使出了霹雳手段。紧接着财政部已着力督促各省市政府健全责任追究机制。此后，“对继续违法违规的，发现一起、查处一起、问责一起，终身问责、倒查责任”必将成为金融监管的新常态。

2017 年，财政部网站在“地方债管理”专题下，公布了八个省市违法违规举债担保的查处问责。

2017 年 12 月底，财政部接连两次通报了贵州、江苏、江西、四川等四个省份处理部分地区违法违规举债担保有关情况，相关责任人受到行政撤职、行政降级、行政记大过等处分。其中不少责任人虽已调离原岗，但仍要为当时任上的违规行为负责，是为“终身问责”。

《财政部关于坚决制止地方政府违法违规举债遏制隐性债务增量情况的报告》中，明文载有“组织核查部分市县、金融机构违法违规融资担保行为，发函至10个省级政府和银监会、商务部等部门建议依法问责”。

同在这个年底，国家审计署发布的 2017 年第三季度国家重大政策措施贯彻落实情况跟踪审计结果公告称，江西、陕西、甘肃、湖南、海南 5 个省的 5 个市县通过出具承诺函等违规举借政府性债务 64.32 亿元；云南、湖南、吉林、重庆 4 个省的 10 个市县（区）虚增财政收入 15.49 亿元。

整肃地方债务真正凸显的是金融安全意识。现在已不仅仅是对违规举债担保行为的整肃，而是在更大的层面上加强对地方政府财政的约束力度，包括对负债举建项目的控制，以及挤出地方 GDP 泡沫。

媒体在报道包头地铁项目被叫停时明确表述为，是出于中央对地方债和金融风险的担忧。而事实上包头地铁项目被叫停后，国家发改委对地铁建设规划审批持更为审慎的态度。

从内蒙古的例子来看，整肃地方债，需要从地方政府的角度，做好“加大财政约束力度，有效抑制地方不具备还款能力的项目建设”，这是遏制隐性债务增量、遏制风险的重要手段。也就是说，遏制了不具备“可行性”的项目建设，自然就降低了地方政府负债的可能性。

包头地铁建设所需资金达 305 亿元，其中，资本金占 40%，计 122.21 亿元，由包头市财政资金筹措，其他资金通过国内银行贷款等融资方式解决。这一资金额度，显然与包头市政府的财政收入与预算并不匹配。更何况内蒙古方面还承认自治区政府财政收入虚增空转，部分旗县区工业增加值存在水分。据新华社报道，财政审计部门反复核算后，调减 2016 年一般公共预算收入 530 亿元，调减后，2017 年全区一般公共预算收入 1703.4 亿元，比 2016 年公布数据下降 14.4%。

财政收入可以挤出水分，但债务是刚性的。本已捉襟见肘的财力，硬撑着要去完成高大上的建设项目，打的主意就是靠中央财政来“兜底”。

在 2018 年地方“两会”上，各省（市、自治区）的政府工作报告无不提及地方债，有的甚至屡次强调将加强政府债务管理，防控风险。

广东省的表述是，部分国企和市县政府债务风险较高；山东、河北等省的表述是，部分地区政府债务偏高；云南省的政府工作报告更是直言不讳地指出：明晰债务主体，坚持“谁使用、谁偿还”“谁家的孩子谁抱走”，省政府不会为州市县政府债务兜底、“买单”。

针对债务化解问题，湖南、湖北、宁夏、内蒙古、重庆等省（自治区、直辖市）已召开常委会议和政府常务会议，学习贯彻习近平总书记关于化解地方政府债务问题的重要讲话精神，提高政治站位，强化风险意识、忧患意识、担当意识，严控隐性债务增量，有序化解债务存量风险，牢牢守住不发生系统性风险底线。

湖南提出，要树立正确政绩观，严禁形象工程、政绩工程以及脱离当地财力可能的项目。要进一步完善政府举债终身问责制和债务问题倒查机制，对违法违规举债融资严查严处、严肃问责；

湖北提出，充分认清地方政府债务特别是隐性债务问题的严重性、危害性、紧迫性；内蒙古提出，化解政府债务关系重大，是一场硬仗，等不得、拖不得、慢不得，必须加大力度、加快速度、加紧进度；

宁夏提出，清醒认识我区化解政府债务形势的严峻性、任务的艰巨性、工作的紧迫性。

各地政府甚至把地方债务问题上升到政治高度。比如内蒙古提出，坚持发展是政绩、化债也是政绩。湖北提出，把防范化解地方政府债务风险作为首要战役。宁夏提出，各市县要把化解政府债务作为政治任务。

与此同时，多个省份高度关注摸底隐性债务，地方债监管空前严厉。这一切的背后，实质都是高层已对地方债问题定调：要坚决打消地方政府认为中央政府会买单的“幻觉”，坚决打消金融机构认为政府会兜底的“幻觉”。

地方债“灰犀牛”离我们有多远

既防“黑天鹅”，也防“灰犀牛”，对各类风险苗头既不能掉以轻心，也不能置若罔闻——这是2017年全国金融工作会议后，《人民日报》在17日头版刊发评论员文章《有效防范金融风险》中的一句表述，其中首次提到“灰犀牛”概念。

“黑天鹅”早已是一个大家耳熟能详的名词，泛指那些小概率而又影响巨大的事件。

那到底什么是“灰犀牛”呢？“灰犀牛”的概念，是由古根海姆学者奖获得者米歇尔·渥克在2013年1月的达沃斯论坛上首次提出的，用来比喻那些大概率且影响巨大的潜在危机。此后他又在《灰犀牛：如何应对大概率危机》一书中进行了详细阐述：相对于“黑天鹅”的难以预见和偶然性，“灰犀牛”不是突发的，而是在一系列警示信号和迹象之后发生的大概率事件。

几乎在一夜之间，“灰犀牛”的提法火了，并猜测四起。值得注意的是，中国官方在这一新词的解释上并没有让人等待太久。就在《人民日报》首次提到“灰犀牛”的十天后，国新办举行新闻发布会，再次重申中共中央政治局会议精神，还对其做了一些细化、具体的解读。官方首次界定的我国面临的“灰犀牛”问题主要指：影子银行、房地产泡沫、国有企业高杠杆、地方债务、违法违规集资等。针对“灰犀牛”事件，中财办官员慨然指出，因为问题已经存在了，且早有征兆，所以对这类问题要摸清情况，区分轻重缓急和影响程度，突出重点，采取有效措施，妥善加以解决。

不久，中诚信国际董事长闫衍，出席 2018 年亚布力金融风险论坛时，以“如何看待当前我国地方政府隐性债务风险”为题发表主旨演讲。他称，当前我国地方政府显性债务规模约为 16.47 万亿元，风险总体可控。但是隐性债务问题较为突出，总规模在 20 万亿元到 30 万亿元之间，值得关注和警惕。显然，地方政府债务这头“灰犀牛”的主要风险在于地方政府债务无序、不透明的增长，地方政府通过城投公司进行融资、违规进行融资担保、将 PPP 项目异变为政府担保的融资、将基础设施建设异变为政府购买服务等等，为地方政府积累了大量游离在财政预算监管之外的潜在或有债务，或将引爆地方政府债务危机，并诱发区域性甚至是系统性风险。

从地方政府对外释放的消息，也能看出“隐性债务”的部分特点。据《湖南日报》刊发的《打好防范化解地方政府债务风险主动仗》阐述，湖南省政府性债务总量仍然不小，特别是隐性债务形式多、增速快，积累的局部风险不容忽视。“妥善处理政府性债务特别是隐性债务，不仅是重要经济任务，更是重大政治责任。”随后刊发的《谈谈对政府债务的几点粗浅看法》提到，湖南省政府债务总数 9000 多亿元，占 GDP 比例约 30%，低于国际平均警戒线（占 GDP60%），似乎还没有到需要作为风险来重视的程度。但如果将其他政府性债务（主要是政府性平台公司用于基础设施、公用市政建设和民生类债务）统统包括进来，则超过系统内债务的 2 至 3 倍。如果从风险上看，政府债务总数已接近 GDP 的 80%–100%。当然，沿海地区与内陆地区、经济发达市县与不发达市县自然不会一样。

同时，从媒体报道来看，目前地方政府隐性债务主要有三大特点：

首先是融资平台公司成为隐性债务主要载体。一些地方融资平台公司数量过多，公司治理结构不完善，层级复杂，管理混乱，违规担保、随意拆借资金现象严重，大部分举债游离于财政部门监管之外。平台公司盈利能力较差，难以通过自身经营收益偿还债务。其次是一些地方政府通过 PPP、政府购买服务变相举债。没有收入来源，无具体运营内容，异化为变相举债的工具。不少地方将市政道路、管网建设等工程，假借政府购买服务名义进行融资。再次是隐性债务的融资形式日趋多元，风险隐患交织复杂。除常规的银行贷款外，融资租赁、企业债券、PPN、信托融资、中期票据、基金融资等多种融资方式相互交织，既拉高了融资成本，又加大了监管难度。个别地方民间借贷、明股实债甚至非法集资现象依然存在。

地方政府隐性债务激增则主要表现在两个方面：一方面，地方政府借助投融资平台对接影子银行，而投融资平台的收入和支出不列入政府财政预算，影子银行的债务不体现在金融机构的表内，资金流向很难受到监管；另一方面，有大量以地方政府“担保”“出具承诺函”等形式存在的或有债务（隐性债务），信用主体界线模糊。此外，随着近年来地方政府依靠土地财政收入的链条受限，为避免资金链断裂，经常借新还旧，甚至不惜高息举债，债务规模越滚越大，而如果出现兑付危机，则将传导至资金链上游，令金融系统面临坏账风险。

此外，地方政府隐性债务风险问题还在于：债务存在，但债务对应的资产不知道还是否存在。有专家指出，这里头有两个“说不清”：一个是说不清楚有多少债，另一个是说不清楚这么多的资产在干什么，有多少收益。没有了相对应资产的负债就应该核销掉，用其他有效的地方国有资产置换出来，逐步推进市场出清，但这也往往也是说易行难。正如中国财科院院长刘尚希所言，“当前地方政府性债务如同一座冰山，水面上的是显性债务，水面下的就是隐性债务”。隐性债务由于形式多样、存在隐蔽，不受预算约束，违反了现行法律法规和制度规定，累积了不小的财政、金融风险，容易演变为"灰犀牛"。

业内专家认为，地方债"灰犀牛"风险引爆的三种可能性：一是如果经济增速放缓，负债率的分母（GDP）相对缩小，而分子（债务总量）相对增大，则负债率等指标有可能超过警戒线；二是如果物价波动或国内资金紧张等原因导致实际利率水平上升，部分高风险地区出现债务违约，引发债务危机；三是如果房地产泡沫破裂，地方政府土地出让收入大幅减少，部分过度依赖土地财政还款付息的地方政府债务出现违约，引发债务危机。

显然，地方政府隐性债务随时可能成为突然发作的"灰犀牛"。

"堵后门、守底线"

自43号文以来，中央制定了各项政策法规，不断完善地方政府融资机制和债务管理的法规建设，对政府违规举债进行"围追堵截"，守住底线。其中包括：

将地方政府债务全部纳入预算管理。在《预算法》实施以后，凡是地方政府要新增政府债务，必须纳入预算，接受同级人大审查和监督，不能在预算之外随意举债。实行地方政府债务限额管理。地方政府债务限额是经全国人民代表大会审查通过，限额按程序确定到各个省，不允许突破。

对存量地方政府债务规模与债权关系厘清并置换，发行地方政府置换债券，目前置换工作已接近尾声。

完善地方政府举债的机制。放开地方政府发行债券融资的机制，并对债券的分类与发行等都作出规范，专项债券中占比较重的《地方政府土地储备专项债券管理办法》《地方政府收费公路专项债券管理办法》也相继出台。此外，地方交易所的政府债券改造与交易系统也配套完善。

建立考核问责机制。一方面，对地方政府的违法违规融资行为设立负面清单，尤其关注违规担保问题。对违规融资，财政部将保持监督高压态势，发现一起、查处一起、问责一起。另一方面，按照习近平总书记的讲话，将建立起“终身问责”制。

建立风险预警机制和应急处置机制。财政部制定了风险预警和应急处置办法，要求各地根据债务总额、结构等对风险进行评估。构建地方政府债务常态化监督机制。除了审计监督以外，财政部驻各地的监察专员办事处（财政专员办），依法对地方政府债务实施日常监督。

几年来的实践证明，规范政府融资机制，一定要明确融资行为的负面清单，并加强问责。2012 年底，财政部、发展改革委、人民银行、银监会联合下发了《关于制止地方政府违法违规融资行为的通知》，对地方政府通过直接或间接吸收公众资金违规集资、通过 BT、信托等以回购方式举债，违规向融资平台注资，提供担保等行为进行制止，并要求清理整改。

2014 年的 43 号文再次强调，提出对脱离实际过度举债、违法违规举债或担保、违规使用债务资金、恶意逃废债务等行为，要追究相关责任人责任。

43 号文之后，《关于进一步规范地方政府举债融资行为的通知》（50 号文）、《关于坚决制止地方以政府购买服务名义违法违规融资的通知》（87 号文）进一步明确了地方政府融资的负面清单。

表 1–1　2014 年以来政府投融资有关的政策

时间	文件	文号	颁发机构	主要内容
2017 年 3 月	《关于 2014 年深化经济体制改革重点任务意见》		发改委	提出“规范政府举债融资制度”，开明渠、堵暗道，建立以政府债券为主体的地方政府举债融资机制，剥离融资平台公司政府融资职能。对地方政府债务实行限额控制，分类纳入预算管理等。

续表

时间	文件	文号	颁发机构	主要内容
2014年8月	《预算法》(2014年修正)		国务院	规定全部政府债务纳入预算。 地方政府可以通过发行地方政府债券举借债务的方式筹措。除前款规定外，地方政府及其所属部门不得以任何方式举借债务。除法律另有规定外，地方政府及其所属部门不得为任何单位和个人的债务以任何方式提供担保。
2014年8月	《国务院关于加强地方政府性债务管理的意见》	国发〔2014〕43号	国务院	“疏堵结合”，即“修明渠、堵暗道”，赋予地方政府依法适度举债融资权限，加快建立规范的地方政府举债融资机制。同时，坚决制止地方政府违法违规举债。
2014年10月	《地方政府存量债务纳入预算管理清理甄别办法》	财预〔2014〕351号	财政部	存量债务是指截至2014年12月31日尚未清偿完毕的债务。 对地方政府负有偿还责任的存量债务进行逐笔甄别。
2015年3月	《地方政府一般债券发行管理暂行办法》	财库〔2015〕64号	财政部	为没有收益的公益性项目发行的、约定一定期限内主要以一般公共预算收入还本付息的政府债券。 依照国务院下达的限额举借的债务，列入本级预算调整方案，报本级人民代表大会常务委员会批准。
2015年4月	《地方政府专项债券发行暂行管理办法》	财库〔2015〕83号	财政部	有一定收益的公益性项目。
2015年5月	《关于2015年采取定向承销发行地方政府债券有关事项的通知》	财库〔2015〕102号	财政部、央行、银监会	在财政部下达的置换债券限额内采用定向承销方式发行一定额度地方债，用于置换部分存量债务。
2015年5月	《关于妥善解决地方政府融资平台公司在建项目后续融资问题意见的通知》	国办发〔2015〕40号	国务院	支持融资平台公司在建项目的存量融资需求。 2014年12月31日前的合同，未到期不得盲目抽贷、压贷、停贷。到期不足以还本付息，需合理确定贷款期限，补充合格有效抵质押品。 增量融资优先PPP。

续表

时间	文件	文号	颁发机构	主要内容
2015 年 12 月	《关于对地方政府债务实行限额管理的实施意见》	财预〔2015〕225 号	财政部	对地方政府债务余额实行限额管理。年度地方政府债务限额等于上年地方政府债务限额加上当年新增债务限额（或减去当年调减债务限额），具体分为一般债务限额和专项债务限额。
2016 年 10 月	《地方政府性债务风险应急处置预案》	国办函〔2016〕88 号	国务院	明确地方政府的偿债责任，实现债权人、债务人依法分担债务风险，中央实行不救助原则，按照风险事件性质、影响范围和危害程度等将风险事件划分为四个等级，实行分级响应、分类处置，加强应急政策储备。
2016 年 11 月	《地方政府性债务风险分类处置指南》	财预〔2016〕152 号	财政部	将地方政府性债务严格分为 6 类：地方政府债券、银行贷款、BT 类债务、企业债券类债务、信托类债务和个人借款类债务。并对债务责任界定和履行做出明确规定。
2016 年 11 月	《地方政府一般债务预算管理办法》	财预〔2016〕154 号	财政部	地方政府一般债务，包括地方政府一般债券、地方政府负有偿还责任的国际金融组织和外国政府贷款转贷债务、清理甄别认定的截至 2014 年 12 月 31 日非地方政府债券形式的存量一般债务。 一般债务收入应当用于公益性资本支出，不得用于经常性支出。
2016 年 11 月	《地方政府专项债务预算管理办法》	财预〔2016〕155 号	财政部	地方政府专项债务，包括地方政府专项债券、清理甄别认定的截至 2014 年 12 月 31 日非地方政府债券形式的存量专项债务。 专项债务收入、安排的支出、还本付息、发行费用纳入政府性基金预算管理。
2016 年 11 月	《财政部驻各地财政监察专员办事处实施地方政府债务监督暂行办法》	财预〔2016〕175 号	财政部	为加强财政部对地方政府债务的监督，充分发挥财政部驻各地财政监察专员办事处的作用，明确专员办监督责任和权力，规范监督行为。
2017 年 3 月	《新增地方政府债务限额分配管理暂行办法》	财预〔2017〕35 号	财政部	新增地方政府一般债务限额、新增地方政府专项债务限额分别按照一般公共预算、政府性基金预算管理方式不同，单独测算。

续表

时间	文件	文号	颁发机构	主要内容
2017年4月	《关于进一步规范地方政府举债融资行为的通知》	财预〔2017〕50号	财政部、发展改革委、司法部、人民银行、银监会、证监会六部委	地方政府不得将公益性资产、储备土地注入融资平台公司，不得承诺将储备土地预期出让收入作为融资平台公司偿债资金来源，不得利用政府性资源干预金融机构正常经营行为。 金融机构不得要求或接受地方政府及其所属部门以担保函、承诺函、安慰函等任何形式提供担保。
2017年6月	《财政部关于坚决制止地方以政府购买服务名义违法违规融资的通知》	财预〔2017〕87号	财政部	针对“扩大政府购买服务范围、超越管理权限延长购买服务期限等问题”，严定了政府购买范围与负面清单。
2017年11月	《关于规范政府和社会资本合作（PPP）综合信息平台项目库管理的通知》	财办金〔2017〕92号	财政部	《通知》列出了入库项目负面清单，包括不适宜采用PPP模式、前期准备工作不到位等项目将被清退出库。同时要求各级财政部门应组织开展项目管理库入库项目集中清理工作，并明确了七大红线。
2018年2月	《关于进一步增强企业债券服务实体经济能力严格防范地方债务风险的通知》	发改办财金〔2018〕194号文	国家发改委、财政部	两部门深入贯彻党的十九大、中央经济工作会议和全国金融工作会议相关指示精神后，在加强企业债券工作规范性方面的首次联合行文。
2018年3月	《关于规范金融企业对地方政府和国有企业投融资行为有关问题的通知》	财金〔2018〕23号	财政部	从总体要求、资本金审查、还款能力评估等金融企业参与实体投资的各个阶段对地方政府及国有企业“明股实债”行为进行限制。

制表：笔者根据公开资料整理。

表 1-2　各类机构／融资模式“负面清单”

地方政府	即外国政府和国际经济组织贷款转贷外，地方政府及其所属部门不得为任何单位和个人的债务以任何方式提供担保。
	不得承诺为其他任何单位和个人的融资承担偿债责任。
融资平台	地方政府及其所属部门不得干预融资平台公司日常运营和市场化融资。
	不得将公益性资产、储备土地注入融资平台公司。
	不得承诺将储备土地预期出让收入作为融资平台公司偿债资金来源。
金融机构	不得要求或接受地方政府及其所属部门以担保函、承诺函、安慰函等任何形式提供担保。
PPP 和产业基金等	地方政府不得以借贷资金出资设立各类投资基金。
	除国务院另有规定外，地方政府及其所属部门参与 PPP 项目、设立政府出资的各类投资基金时，不得以任何方式承诺回购社会资本方的投资本金，不得以向社会资本方的投资本金损失，不得以任何方式向社会资本方承诺最低收益，不得对有限合伙制基金等任何股权投资方式额外附加条款变相举债。

制表：笔者根据公开资料整理。

比如，违规举债方式中，有一种途径是绕道政府购买服务来违规举债，规避掉 PPP 操作的复杂和严格。在 PPP 受制于 10% 的天花板、地方债发行有额度和程序的限制、地方融资平台走入末路之后，2015 年下半年开始，这种新型的融资方式引起了一些地方政府的“歪心思”。

更重要的是，政府购买服务相比于 PPP 而言落地时间快、程序简单。PPP 项目操作流程包含识别、准备、采购、执行、移交五个阶段，共 19 个步骤，过程非常严格。笔者观察，一般来说，政府当年的城建规划在每年的二三月份送到当地人大审批，人大审批完之后三四月份分解任务，大概从四月份开始进入 PPP 的流程。采购咨询公司需要一个月，咨询公司做报告需要两个月，包括项目立项、PPP 实施方案和物有所值评价和财政可承受能力论证，还包括报告的审批等。到了采购环节，要求资格预审一个月，招投标一个月，合同谈判和项目公司成立一个月。这样 PPP 项目真正落地要到十月份，当年就剩两个月来开工建设，任务往往完不成，还有很多项目还在排队等着，所以让地方政府很发愁。

相比之下，政府购买服务落地非常快，不需要两个论证（即财政可承受能力论证和物有所值评价），不受10%的限制，只需要做实施方案。有些地方政府还会采用单一来源采购、甚至某些项目直接指定由融资平台公司或国有企业来承担，不用公开招投标；即便公开招投标也非常快，一般一两个月就落地了。因此政府购买服务以其特有的“优势”，成了迎合政府投资需要的一种“新型”融资模式。

这种“新型”模式风险不容小觑。用政府购买服务的手段来购买工程，既不受先预算后采购的约束，也不受 PPP 项目占预算支出比例 10% 的限制，走到了中间的灰色地带，会造成巨大的、不透明的地方政府债务风险。因此，在发现了地方政府喜欢的这个“捷径”后，财政部立刻行动，用 87 号文堵上了这个后门。

87 号文首先强调严格按照规定范围实施政府购买服务，只能购买基本公共服务，不能购买建设工程和融资。其次坚持先有预算、后购买服务。政府购买服务要在年度预算和中期预算规划期限内，这意味着协议和合同期限应在三年之内，不可签订长达十八年的政府购买服务协议。再次，不可虚构政府购买服务协议，或者虚构应收账款帮助平台公司等企业融资。

2018 年 1 月，保监会联合财政部对外发布了《关于加强保险资金运用管理支持防范化解地方债务风险的指导意见》（以下简称《指导意见》），指出保险机构不得违法违规向地方政府提供融资，支持保险机构更加安全高效服务实体经济，化解地方债务风险防范。《指导意见》明确了保险资金运用涉及地方政府举债融资行为的政策边界，提出要规范保险资金投资，坚决制止违法违规举债担保行为。

2018 年 2 月，湖南省率先发文，对 PPP 和政府购买服务实施负面清单管理。这是首个省级 PPP 负面清单管理。与此同时，北京、吉林等地将采取措施规范 PPP 发展。湖南出台的文件规定，PPP 模式应当用于投资规模较大、需求长期稳定、价格调整机制灵活、市场化程度较高的城市基础设施及公共服务类项目；并进一步明确，对于不属于公共服务领域、政府不负有提供义务等 5 种类型，不得运用 PPP 模式。

对于政府购买服务，文件严禁各级政府及其部门利用或虚构政府购买服务合同违法违规融资，严禁就政府购买服务事项以担保函、承诺函、安慰函等任何形式提供融资担保。并进一步明确，对于不属于政府职能、财政没有安排预算的情形等 7 种类型，不得采用政府购买服务方式。

当然，需要指出的是，对于 PPP 和政府购买服务设立负面清单，不是叫停 PPP 模式和政府购买服务行为，更不是停止市政道路等基础设施建设，而是根据中央规定规范有序地推进 PPP 和政府购买服务行为，防范和化解重大风险。

2018 年 3 月，财政部公布《关于做好 2018 年地方政府债务管理工作的通知》(下称《通知》)，用 13 项举措来加强地方债全链条管理，妥善化解累计的债务风险。

这次《通知》依然沿用了地方债管理"开前门、堵后门"思路。"开前门"也就是支持地方政府发行地方政府债券来筹资。不过为了防控地方政府债务风险，中国采取了地方债限额管理，即上一级政府确定下一级政府的举债限额，给其债务总额设置"天花板"，2018 年地方政府债务限额约为 21 万亿元。

防控地方政府债务风险离不开风险监测。《通知》要求健全地方政府性债务风险评估和预警机制。督促高风险地区采取有效措施逐步化解风险，研究制定对高风险地区政府投融资行为的约束性措施。比如浙江建立了地方债风险"红、黄、绿"预警体系，其中对债务率超过 100% 的高风险地区，进行红色预警，在未降到警戒线以内之前，不予增加新增债券。对未完成年度化债计划的地区，实施相应的扣罚。

《通知》强调，发挥地方政府重整计划，督促相关高风险地区通过实施一系列增收、节支、资产处置等短期和中长期措施安排，使债务规模和偿债能力相一致，恢复财政收支平衡状态。

此外，财政部还要求强化地方政府债券管理，加快实现地方政府债券管理与项目严格对应，继推出收费公路、土地储备、轨道交通专项债券之后，优先在重大区域发展以及乡村振兴、生态环保、保障性住房、公立医院、公立高校、交通、水利、市政基础设施等领域选择符合条件的项目，积极探索试点发行项目收益专项债。

同月，财政部还印发了《关于规范金融企业对地方政府和国有企业投融资行为有关问题的通知》（财金〔2018〕23号）（简称23号文），同时公布了对《财政部关于规范金融企业对地方政府和国有企业投融资行为有关问题的通知》的解读（下文简称23号文解读）。

23号文主要从国有金融企业的维度（其他金融企业参照执行），系统梳理了过去一段时间地方债务监管文件和金融监管文件中针对金融企业和地方债务的条款，目的在于规范金融企业与地方政府和地方国企的投融资行为，出发点依然是防范和化解地方政府债务风险。同时，23号文也要求“在配合整改的同时，国有金融企业不得盲目抽贷、压贷和停贷，防范存量债务资金链断裂风险”，23号文解读中更加明确提出防范形成“处置风险的风险”。这也意味着，存量债务的整改是一个长期的工作，一方面要求整改、完善地方政府、城投平台、金融企业之间的合作协议，明确地方政府应该履行的义务；另一方面也要求金融企业需要配合整改，不能因为缺失了地方政府的“承诺”“担保”，就对存量项目抽贷、压贷和停贷。

2018年4月，中共中央总书记、国家主席、中央军委主席、中央财经委员会主任习近平主持召开中央财经委员会第一次会议，研究打好三大攻坚战的思路和举措，研究审定《中央财经委员会工作规则》。

会议指出，打好防范化解金融风险攻坚战，要坚持底线思维，坚持稳中求进，抓住主要矛盾。要以结构性去杠杆为基本思路，分部门、分债务类型提出不同要求，地方政府和企业特别是国有企业要尽快把杠杆降下来，努力实现宏观杠杆率稳定和逐步下降。要稳定大局，推动高质量发展，提高全要素生产率，在改革发展中解决问题。

监管层紧锣密鼓地发布一系列文件，旨在防范地方债务风险，“堵后门、守底线”，围堵违规举债。

违规举债问责那些债

2017 年，财政部集中点名和处置了多个地方政府违法违规举债的案例，相关涉事官员受到党内严重警告和行政降级等处分。“真刀真枪”地点名通报和降级处分，让市场逐渐清醒——这次是“动真格”了。

据《21 世纪经济报道》透露，2017 年初，时任财政部部长肖捷到福州市开展调研。这是他上任后仅有的两次调研之一。他在调研时说，专员办要认真思考，如何更有效发挥职能作用，特别在查找监管漏洞和空白点方面，要注意提前发现问题，要坚决防止和有效避免财政领域乱象丛生问题的发生，特别是地方政府债务问题，这是财政的一个突出风险点。

此后，地方违规举债处罚的案例陆续公布，震慑了各方。

根据财政部官方网站“地方债管理”查处问责专栏、地方财政官方网站、审计署各季度《国家重大政策措施贯彻落实情况跟踪审计结果》和媒体报道公开资料，部分违规案例整理如下：

1. 2015 年 1 月至 2017 年 8 月，某市各级财政及国土等政府部门分别发函，共要求 61 家企业和单位出资垫付征地拆迁资金，并违规出具承诺函，承诺待相关土地出让金上缴市财政后，由财政安排资金进行偿还。

原因：地方政府违规为企业出具承诺函。

2. 2015 年 2 月，某市召开第 28 次常务会议，决定以市总工会为发起人，以该市经济发展投资有限公司为借款主体，向全市企事业单位职工发行信托产品违法违规举债。

原因：地方政府违规通过企事业单位举债。

3. 2015 年 8 月，某区人民政府批复同意区城市建设投资（集团）有限公司向金融资产交易中心融资。当年 11 月至 12 月，区城市建设投资（集团）有限公司获得融资款 0.55 亿元。经区政府有关负责人批准，区财政局提供了协调资金支付融资产品本息的承诺函。

原因：地方政府违规为其他事业单位担保。

4.2015 年 8 月，经某经济技术开发区管委会主任办公会研究，由该经济技术开发区财政局违法向某投资有限公司借款 1.1 亿元，年利率 10.2%。2016 年，该笔借款使用地方政府置换债券资金进行了偿还。2017 年 6 月 20 日，该市政府召开第四次常务会议研究决定，按照国家有关政府置换债券管理规定，立即收回该经济技术开发区置换债券资金 1.1 亿元，由市政府用于置换符合条件的存量政府债务。

原因：地方政府违规挪用置换债券资金。

5. 2015 年 9 月，某市建设投资发展有限公司以标注用途为商业用地的 12 宗土地使用权提供抵押担保，发行 2015 年某市建设投资发展有限公司公司债券 10 亿元，其中 3 宗地块为该市市委、市政府、市人大、市政协等单位行政办公场所和市民广场。

原因：地方政府违规将公益性资产作为资本注入融资平台公司。

6 .2015 年 9 月 14 日，某市政府通过政府常务会议纪要，要求将该市公共资产管理有限公司向中信信托有限责任公司申请的 1.78 亿元信托贷款本息列入市财政中长期规划和年度预算。

原因：地方政府违规为其他事业单位担保。

7. 2015 年 9 月 28 日，某市政府通过政府常务会议纪要，承诺将该市公共资产管理有限公司贷款本息列入市财政中长期规划和政府购买服务预算，涉及资金 6.4 亿元。市财政局据此向某银行该市分行出具了承诺函。

原因：地方政府违规为其他事业单位担保。

8. 2015 年 12 月，某市资产经营有限公司以标注用途为商住用地的 8

宗地块提供抵押担保，发行2016年该市资产经营有限公司公司债券10亿元，其中3宗地块为政府大楼前广场、市民文化广场和绿地广场。

原因：地方政府违规将公益性资产作为资本注入融资平台公司。

9. 2016年1月，某区管委会全资企业某农林水资源投资开发有限公司，向某银行新区分行借款2亿元用于该新区职教园区生态绿化及七号湖调蓄水库工程，该区农林水务局出具承诺函承诺以财政拨付该局的生态建设资金作为还款来源。

原因：地方政府违规为企业举债出具承诺函。

10. 2016年2月，某市土地储备中心以暂缓执行的土地收储项目，向某银行股份有限公司贷款形成政府承诺以财政资金偿还的债务4亿元。

原因：土地储备机构违规举借土地储备贷款。

11. 2016年4月，某开发区管理委员会通过下属国有企业虚构水环境综合整治项目并签订17.81亿元的政府购买服务协议。2016年11月，该企业以政府购买协议为质押与某银行分行签订融资借款合同。

原因：地方政府违规进行政府购买服务。

12. 2016年6月，某经开区建设开发公司，与中国农发重点建设基金有限公司签订10年期、年投资收益率1.2%的基金投资协议，借款1.4亿元用于该经开区电子信息化产业园配套基础设施建设项目，该区人民政府出具承诺函，承诺以财政资金回购中国农发重点建设基金有限公司投入的资本金。

原因：地方政府违规出具承诺函回购基金投资资本金。

13. 2015年12月至2016年9月，某市四家融资平台公司通过贷款、融资租赁或设立基金等方式，借款81亿元用于市政道路建设、棚户区改造项目等，该市政府出具承诺函承诺上述借款本息或基金由财政资金偿还、回购。

原因：地方政府违规为企业举债出具承诺函。

14. 2017年1月初，某区交通运输厅被财政部点名且发函追责。此前，该交通运输厅与某高等级公路建设开发有限责任公司签订“委托代建购买服务协议”，约定于建设期及建设期后第 1 年至第 17 年或者 18 年通过购买服务资金支付项目建设资金，向农业发展银行贷款 105.5 亿元。

原因：地方政府违规进行政府购买服务。

15. 2017 年 1 月至 7 月，某住房和城乡规划建设局、市旅游发展委员会等 4 个部门向某城市投资（集团）有限公司和某市旅游投资有限责任公司借款 3.57 亿元，用于市政基础设施建设和古城基础设施建设等支出，形成政府承诺以财政资金偿还的债务 3.57 亿元。

原因：地方政府所属部门违规作为融资主体直接向企业举借债务。

16. 2017 年 2 月，财政部致函（《关于核查某市轨道交通 8 号线一期 PPP 项目不规范操作问题的函》）某财政厅，称该市城乡建设委员会实施的某市轨道交通 8 号线一期 PPP 项目社会资本采购预成交公示于 2 月 13 日在中国政府采购网发布。公示信息及项目材料显示，该项目存在风险分配不当等问题。

原因：地方政府违规推进 PPP 项目。

17. 2016 年 5 月至 2017 年 5 月，某市政府同意借款本息由市财政负责偿还后，该区财政局、某动迁安置补偿办公室通过市政基础设施投资有限公司，从市城市综合管廊管理有限公司借款 2 亿元，用于地下综合管廊项目沿线厂房和居民的搬迁安置。

原因：地方政府违规通过企事业单位举债。

18. 2016 年 11 月至 2017 年 6 月，某市高新区以某市高新投资发展集团有限公司的名义，取得该市商业银行流动资金贷款 3.89 亿元，用于征地拆迁等支出，该区财政局出具承诺函承诺以本级财政收入作为还款来源。

原因：地方政府违规为企业出具承诺函。

19. 2017 年 6 月，在财政部发文明确要求不得将建筑物新建、改建、扩建及其相关建设工程作为政府购买服务项目的情况下，某市西夏区违规与项目承建企业签署兴某风情特色小镇城镇化工程项目政府购买服务协议，并承诺将 19.65 亿元购买服务价款纳入该市财政预算，形成政府隐性债务。

原因：地方政府违规进行政府购买服务。

20. 2017 年 8 月至 11 月，某市建设投资经营集团有限公司通过利用政府道路管网等公益性资产开展融资租赁、发行中期票据等方式，从银行、信托投资公司和融资租赁公司等机构举债 72.33 亿元，主要用于偿还到期债务和市政基础设施建设。

原因：地方政府违规将公益性资产作为资本注入融资平台公司。

按照《中华人民共和国预算法》第三十五条规定，地方政府举借债务一律通过发行地方政府债券方式筹措，除此以外地方政府及其所属部门不得以任何方式举借债务；除法律另有规定外，地方政府及其所属部门不得为任何单位和个人的债务以任何方式提供担保。《国务院关于加强地方政府性债务管理的意见》（国发〔2014〕43 号）要求，“修明渠、堵暗道，赋予地方政府依法适度举债融资权限，加快建立规范的地方政府举债融资机制。同时，坚决制止地方政府违法违规举债”“地方政府及其所属部门不得在预算之外违法违规举借债务，不得违法为任何单位和个人的债务以任何方式提供担保”“金融机构等不得违法违规向地方政府提供融资，不得要求地方政府违法违规提供担保”。

从具体披露情况看，地方违规举债案例呈现复杂，大致分为以下几种：

一是地方政府以发行地方政府债券外的方式举借债务；二是地方政府违规为其他事业单位担保；三是地方政府将公益性资产作为资本注入融资平台；四是地方政府违规承诺回购股权；五是地方政府违规进行政府购买服务；六是地方政府违规推进 PPP 项目；七是地方政府违规使用置换债券资金。

据媒体报道，2017 年，地方违法违规举债担保公开问责处罚，首次落下了“实锤”。数据显示，涉事被问责各级官员逾百人，且出现因违规举债担保被倒查责任、终身问责的案例；违规融资方式中，既有银行贷款、信托、租赁、资管等传统方式，也有政府购买服务、专项建设基金等方法；财政担保、承诺收益、明股实债等问题遭严查。

2017 年地方债监管呈现高压态势，从全国金融工作会议，到中央政治局会议，再到国务院常务会议，以及中央经济工作会议上，“地方债”被多次提及，释放出 2018 年党中央、国务院将加大力度防范化解地方政府债务风险的重要信号。

延伸阅读：监管“风暴”来袭

地方债治乱

周　哲

在“一行三会”联手整肃金融乱象、压缩同业链条推进金融去杠杆之际，一场针对地方债乱象的整顿风暴亦随之刮来。

近日，财政部集中处置了个别地方政府违法违规举债的案例，相关涉事官员受到党内严重警告和行政降级等处分。与此同时，财政部联手国家发改委、司法部、人民银行、银监会、证监会等六部委合力整顿地方债乱象，并明确 7 月 31 日前各地清理整改到位。

明确的时间表，详细的问责程序，财政部释放出明确的信号——政府债务管理趋严；利用城投债钻空子的路子被封堵；举债融资行为的政策边界和负面清单将厘清。金融安全的防火墙不断加厚增高。

中央财经大学教授、中财—鹏元地方财政投融资研究所执行所长温来成告诉《财经》记者，这意味着决策层通过主动有序去杠杆力保“不发生系统性金融风险”的底线。“债务风险和金融风险存在相互交叉影响的可能，如果地方债务出了事，金融系统也会受影响。”

不过，一行三会加强金融监管、财政部严查违规举债，集中火力会否对地方债、城投债、PPP 造成“缩盘”，地方债今年一季度发行规模缩减，是否会影响基建投资速度和规模，也颇受市场关注。

违规举债花样百出

5 月 3 日，财政部等六部委联合发布《关于进一步规范地方政府举债融资行为的通知》（下称 50 号文），要求规范地方政府举债融资行为，各地须在 7 月 31 日前摸底排查并改正地方政府和相关部门不规范融资行为，如果逾期不改正或改正不到位，要追究相关责任人的责任。

4 月 19 日，财政部通报了山东省济宁市邹城市违法违规举债问题的处理结果。山东省济宁市邹城市政协副主席姚某，在其任邹城市总工会主席期间，市总工会以邹城市正方经济发展投资有限公司为借款主体，向全市企事业单位职工发行信托产品，属于违法违规举债行为。姚某因此被给予行政降级处分。

此案并非孤例，重庆黔江区财政局局长卢某也被给予了行政撤职处分。3 月 24 日财政部通报了重庆市黔江区三例违法违规举债担保情况，对卢某和多个融资平台有关负责人给予行政撤职处分。2017 年 1 月，财政部致函内蒙古、河南、重庆、四川、山东等五个地方政府及商务部、银监会两个部委，要求依法问责部分县市违法违规举债担保的行为。

目前已公布重庆、山东的处理结果，对于剩余其他地区和金融机构，待依法依规处理后，财政部也将及时通报处理结果。

虽然新预算法在 2015 年便已出台，业内熟知的“43 号文”(《国务院关于加强地方政府性债务管理的意见》）也早在 2014 年强调，2015 年 1 月 1 日以后地方政府新增债务只有一种形式，即发行地方政府债券，其他均属于违法违规举债。但如此集中、严厉地通报和处罚违法违规举债行为的相关责任人，实属罕见，对市场各方产生了震慑作用。

财政部有关负责人在答记者问时直言，“天下之事，不难于立法，而难于法之必行。”多位市场人士认为，50 号文的规定与 43 号文和新预算法一脉相承，没有太多新的提法，但重在加强执行，并且强化问责机制。这让市场不禁猜测，“这是要动真格的了”？

地方债务规模究竟有多大？最近的一次官方数据显示，截至 2014 年底地方政府性债务总规模为 24 万亿元，其中政府负有偿还责任的债务为 15.4 万亿元，或有债务 8.6 万亿元。

其中，政府负有偿还责任的债务除了 1.06 万亿元的债券，还有 14.3 万亿元的银行贷款、融资平台的城投债等非债券形式的债务。这 14.3 万亿元的非债券形式债务将通过三年左右的置换期，全部置换成地方债券，正式纳入地方政府债务的范畴。

一位不愿具名的财政部人士向《财经》记者透露，8.6 万亿元的或有债务，包括政府负有担保责任和负有救助责任的债务，除了地方政府及其部门为外债转贷担保，其余均被界定为违法违规举债担保。

时至今日，违法违规举债的或有债务究竟有多大规模，尚未有统计数据公布，但城投融资平台的负债规模不断壮大，已引起各方关注。根据 Wind 数据，2014 年至 2016 年，城投债发行规模分别是 1.88 万亿元、1.70 万亿元、2.28 万亿元。

温来成分析称，虽然按照新预算法和 43 号文的要求，2015 年 1 月 1 日之后城投公司举借的债务和地方政府无关，但实践中城投公司和地方政府的依赖关系仍然存在。部分市场人士抱着侥幸心理，认为一旦城投公司无法偿还债务将会影响公共产品和服务的提供，政府或会提供救助，城投公司债务或许会有地方政府隐性担保。因此城投公司债务的过度扩张，仍将隐性地加大地方政府债务风险。

为了摸底地方融资平台是否存在违法违规举债的情况，财政部在

2016 年下半年印发《关于开展部分地区地方政府债务管理存在薄弱环节问题专项核查工作的通知》(财办预〔2016〕94 号)，对地方政府和地方融资平台违法违规举债担保问题展开专项核查。

这次摸底发现了不少违法违规举债担保问题。2017 年 1 月财政部致函内蒙古、河南、重庆、四川、山东等五个地方政府及商务部、银监会两个部委，要求依法问责部分县市违法违规举债担保的行为。财政部要求各省级政府和银监会、商务部在 2 月 3 日之前将相关处理结果反馈至财政部。3 月 24 日和 4 月 19 日，财政部将重庆、山东的处理结果公开，并称将及时通报剩余几起违法违规举债担保的处理结果。

作为内部文件的财政部致五个地方政府和两个部委的公文函，目前已在多个公共平台流传开来。《财经》记者获悉，已经在坊间流传的上述文件均为财政部发布的真实文件。文中可见，违法违规举债的方式可谓花样百出。

最普遍的方式是，地方政府通过融资平台或者国有企业违法违规举债担保。比如四川巴中市人民政府同意巴中新城建设投资有限公司通过银行贷款、信托、私募债等方式融资，并向相关金融机构出具了确认函，市财政局出具承诺函。

四川成都市新都区人民政府通过会议纪要，同意国有公司以银行贷款、信托产品或者私募债等方式融资，部分资金用于相关政府项目。重庆黔江区人民政府批复同意黔江区城市建设投资(集团)有限公司向贵州中黔金融资产交易中心融资，区财政局提供承诺函。河南驻马店承诺将驻马店市公共资产管理公司贷款本息列入市财政中长期规划和政府购买服务预算，市财政局向中国建设银行驻马店分行出具承诺函。驻马店政府还将驻马店市公共资产管理公司的中信信托有限责任公司的信托贷款本息纳入市财政中长期规划和年度预算。

上述几例的共同点在于地方政府以融资平台或者国有企业为渠道违法违规举债，包括对平台和国企举借的银行贷款、信托、私募债、融资租赁等出具函承诺，承诺如果融资平台或者国有企业无法偿还贷款本息，地方财政局协调或安排财政资金偿还；或者直接将平台和国企的贷款本息纳入预算和财政偿还范畴。

重庆市黔江区政府甚至没有通过平台公司或国有企业，直接与融资租赁公司签订融资协议。黔江区教委与上海爱建融资租赁有限公司签订了两个《回租赁合同》融资 1.2 亿元，黔江区教委与江苏金融租赁股份有限公司签订两个《融资租赁合同》融资 1 亿元。

这些均违反了预算法的规定，即地方政府只能通过发行地方政府债券形式举借债务，除此之外不得以其他任何方式举借债务；除法律另有规定外，地方政府及其部门不得以任何方式为企业和个人债务提供担保。

《财经》记者调查发现，内蒙古自治区交通运输厅更是典型地将政府购买服务异化成购买建设工程，涉及巨额资金 105 亿元，长达 18 年。

内蒙古交通运输厅和内蒙古高等级公路建设开发有限责任公司签订“委托代建购买服务协议”，约定于建设期及建设期后第 1 年至第 17 年或者第 18 年通过购买服务资金支付项目建设资金，支持内蒙古高等级公路建设开发有限责任公司作为承贷主体，向农业发展银行贷款 105.5 亿元，资金使用和项目实施主体均为各盟市旗县交通局。

接近财政部的一位权威人士告诉《财经》记者，此例非常典型，违反了多项规定。首先，内蒙古交通运输厅没有经过财政厅，便直接和社会资本签订十几年的协议，没有纳入预算，也不确定地方财政有没有这么多钱。其次，即便是纳入预算，也只能是纳入年度预算，不可能纳入十几年的预算。再次，政府购买服务针对的是服务，不能是工程。政府购买服务是独立于政府采购工程之外的，不可用政府购买服务的办法用于采购工程。“这是典型的违法违规举债”。

据了解，平台公司拿着和政府的协议当作应收账款去抵押融资，可能会导致建立在虚假的应收账款基础上的融资最后变成坏账。因为该应收账款实际上只是内蒙古交通厅承诺未来十几年支付项目建设资金，并没有纳入财政，本质上没有任何保障。

财政部发函的对象还包括商务部和银监会。4月19日，银监会公布了一批相关机构的处罚结果。对江苏金融租赁股份有限公司行政处罚30万元，对相关责任人给予警告和5万元罚款；对中国建设银行驻马店分行行政处罚30万元，给相关责任人记过；对新都桂城村镇银行行政处罚20万元，对相关负责人罚款5万元。

50号文踩刹车

一方面，财政部摸底地方违规举债，并对典型案例进行查处；另一方面，财政部等六部委5月3日发布的50号文，被市场看作为放下“违规举债的铡刀”，可能开启一场整肃地方债的风暴。

对于经常出现的利用融资平台违规举债的行为，50号文规定，地方政府不得将公益性资产、储备土地注入融资平台公司，不得承诺将储备土地预期出让收入作为融资平台公司偿债资金来源，不得利用政府性资源干预金融机构正常经营行为。

据悉，在上述重庆黔江区教委与上海爱建融资租赁公司签订融资租赁合同一例中，黔江区教委将区内某中学的一部分资产抵押给上海爱建融资，然后让上海爱建租赁使用这部分资产，到期之后再回购该资产，这属于将公益性资产抵押用于融资。

50号文还限制了地方政府利用PPP、政府出资的各类投资基金等方式变相举债。

《财经》记者获悉，目前一些地方通过PPP模式违法违规举债担保颇为常见。比如政府承诺回购其他出资人的本金，让社会资本不承担任何风险；或者是政府对社会投资人承诺最低收益。这些导致政府承担了全部风险，把PPP改头换面，变成了负债和融资关系，利用PPP变相举债。

据财政部人士称，在2016年摸底违规举债时发现，有地方在成立PPP引导基金时，名义上出资占股，实际上并不真正出钱。有的是答应了出资之后不给钱，有的是地方政府通过借贷资金出资本金，然后再收回。因此50号文规定地方政府不得以借贷资金出资设立各类投资基金。

这部分违法违规举债担保方式甚至更为隐蔽。“规范统计的财政杠杆率为36%，但假PPP真债，假引导基金真债有多少，很难分得清楚。”全国社保基金理事会理事长、财政部原部长楼继伟4月21日就曾公开表示。

一位不愿具名的某证券公司债券承销部人士对《财经》记者直言，50号文最大的亮点是执行层面的强化。

50号文要求各地政府全面改正地方政府不规范的融资担保行为，于7月31日前清理整改到位，对逾期不改正或改正不到位的，依法依规追究相关责任人的责任。该人士认为，有明确的时间限制，还问责到个人，能感受到决策层这次执行力度之大。

这次并非是财政部一家来严管地方债务问题，而是联合了发改委、司法部、人民银行、银监会、证监会共六个部委。在东方金诚评级总监刚猛看来，这是从严监管思路和监管合力在规范地方政府债务领域的体现。监管层从严监管今年采取了集体行动，旨在形成监管合力，守住“不发生区域系统性风险的底线”。

据悉，近期央行、银监会、保监会等各监管部门相继出台了系列防范风险的文件，且相继表态要“加强金融监管”，银监会甚至在3月29日至4月12日短短十个工作日发出9份文件，市场认为一场金融监管风暴来袭。

在此背景下，六部委联合防控债务风险是何用意？温来成直言，虽然去杠杆重点在于企业，但地方政府的债务风险如果蔓延也可能会导致金融风险，债务风险和金融风险存在相互交叉影响的可能，也同样需要重视，目前看来有全方位去杠杆的趋势。

上述接近财政部的权威人士提醒《财经》记者，这次严管地方债务，一方面是2017年防控金融风险的宏观背景；另一方面，是对2016年摸底城投公司违法违规举债的一个回应，对暴露的问题进行纠正。至于整顿的时间和一行三会金融严管相近，更多是时间上的巧合。

城投债、PPP 规模或缩减

严管地方政府及其部门违法违规举债担保，多位市场人士认为会对 2017 年城投债、PPP 的规模造成影响。与此同时，地方债发行规模也在下降，2017 年一季度地方债合计发行 4745 亿元，同比下降 50%。地方债、城投债、PPP 均是现阶段基建投资的重要资金来源，多方因素叠加影响，是否会导致基建投资受到资金限制，增速和规模难达预期?

关于 50 号文对城投债的影响，中信建投宏观固收研究团队认为，随着债务置换和平台转型的推进，城投债资质将更向政府信用和企业经营两极分化。边缘化的平台价值将取决于自身信用状况，建议投资者投资逻辑也主要以城投公司的经营、财务状况为中心。50 号文对已经成型和运作规范的平台的政策冲击会比较小，省和市级大型核心平台在城投主体缩量及融资资源分配趋紧的过程中是资源受益的。因此中信建投建议投资者，对经济相对落后省份的投资策略，可以向高行政级别和主流城投平台收缩。

“广东的部分大型国企市场化程度较高，或是未来城投转型的理想化方向；江苏的成型平台运作较规范，资产较为扎实，监管影响亦有限。但不排除边缘化和低级次的城投成为警示样本。”中信建投固收研究团队认为。

至于城投债规模是否会大幅缩减，多位市场人士意见不一。温来成认为 2017 年城投债规模或与 2016 年保持一致。

申万宏源首席固收分析师孟祥娟则对《财经》记者称，城投债的净融资额大概会下降到 2016 年的一半。她分析称，2016 年城投债发行量为 2.43 万亿元，去除总偿还额 1.1 万亿元，净融资额为 1.33 万亿元。在她看来，决策层加强地方政府债务管理之后，2017 年城投债的净融资额可能会下降一半至 0.7 万亿元左右。50 号文发布至今两周时间内，市场暂未观察到其对城投债带来明显的影响。

刚猛认为，这次清理整顿短期内可能对部分不规范的 PPP 项目、社会资本合作方、PPP资金提供方将产生一些扰动，甚至可能阶段性降低PPP拉动基础设施投资作用。但从长期看，有助于社会资本合作方和资金提供方对地方政府在PPP中的角色形成清晰和稳定预期，理性参与PPP项目并规范PPP项目的运作。

《财经》记者注意到，2017年一季度地方债的发行规模也远低于去年，地方债发行规模的收缩是否对基建产生制约影响，引发市场的猜测。

2017年地方债发行规模包括新增地方债规模和地方置换债规模。据悉，新增地方债限额是每年3月全国人大批准全国预决算之后，定好了全国新增地方债规模，再通过国务院下发给各个省，各个省的新增地方债规模要走完法定程序才能确定，所以一季度基本上没有新增地方债务。

而置换债的规模比2016年下降了50%，则源于三方面的因素。首先是2017年的总体置换额度低于2016年，2017年全年的置换额度在3万亿元左右，并非此前市场预期的超过6万亿元，而2016年全年置换额度在5万亿元左右。

“剩下的未置换的规模在4万多亿元左右，并非6万多亿元。三年置换期是到2018年8月份，不是截止到2017年。所以预计2017年先把剩余的大头置换了，今年底把要置换的协议都签了，2018年8月之前完成全部的置换。”上述接近财政部的权威人士透露。

其次，这也与置换难易程度有关。该人士分析称，之前置换的大部分是银行贷款，直接对接银行相对比较好谈判。现在开始置换城投债和信托，债券类的产品涉及到企业债、公司债，与债权人协商难度比较大。

最后，这也与市场资金面走高有关系。伴随着债市的大幅调整，去年底以来地方债发行的票面利率明显攀升。2017年以来各省发行地方政府债利率的平均值已超过3.50%。截至2017年4月21日，三年期公开发行的地方政府债券发行利率为3.56%，较2016年最低点上升125个点。刚猛认为，地方债发行成本明显上升、利差空间压缩导致地方政府推进置换的积极性有所下降。

有市场人士认为，地方债发行规模，包括置换债规模的缩减，会影响 2017 年的基建资金来源。但接近财政部的权威人士对《财经》记者澄清，置换债只是把以前就存在的银行对城投的贷款或者城投债置换成地方债，对应的是已经存在的项目，置换债规模的缩减对 2017 年基建不存在影响。而有影响的新增债券规模，在 2017 年是 1.63 万亿元，相对于 2016 年的 1.18 万亿元有大幅增长。

基建资金来源会否受限

城投债和 PPP 的规模变动是否影响 2017 年基建盘子？

发改委秘书长、新闻发言人李朴民此前预计，按照 2016 年全社会固定资产投资增速 7.9% 来计算，预计 2017 年全国固定资产投资规模将会达到 65 万亿元左右。

2016 年基建投资占固定资产投资比重在为 25.07%，如果 2017 年仍维持这一比重，2017 年基建投资规模将达到 16.3 万亿元左右。

如此庞大的基建投资规模，资金从何而来？孟祥娟撰文指出，2016 年，基建投资规模是 15.2 万亿元。其中预算内资金规模大概为 2.25 万亿元；政府性基金支出为 4.68 万亿元（与财政部公布的 2016 年中央和地方财政预算执行情况中“全国政府性基金相关支出”一致）；地方新增债券规模是 1.18 万亿元；国内贷款规模预计 2.04 万亿元；城投债发行量是 2.43 万亿元，去除总偿还额 1.1 万亿元，净融资额为 1.33 万亿元；信托发行规模 0.037 万亿元；非标融资中流向基建的部分规模难以测算，PPP 项目截至 2016 年底落地 2.2 万亿元。

孟祥娟对记者澄清，由于地方新增债券规模和预算内资金以及政府性基金支出有重复，前者已经体现在后两个来源中，所以不应该把 1.18 万亿元的地方新增债券计入在内。即便不考虑其他重复计算的内容，简单相加剩余六个资金来源，总共也仅为 12.537 万亿元，和 2016 年实际基建投资规模 15.2 万亿元仍有差距。孟祥娟对记者解释，还有企业资金流向基建的部分难以估计，未能计算入内。

2017 年，根据孟祥娟在文章中测算的各项资金来源增速，记者计算得出 2017 年预算内资金或贡献 2.598 万亿元；政府性基金或贡献 5.28 万亿元（财政部公布的 2017 年中央和地方预算草案中“全国政府性基金相关支出”为 5.55 万亿元）；国内贷款或贡献 2.04 万亿元；信托发行量或贡献 0.05 万亿元。2017 年新增债券额度为 1.63 万亿元，包括新增一般债务限额 8300 亿元、专项债务限额 8000 亿元，已分别体现在预算内资金和政府性基金中。

关于城投债净融资额，孟祥娟对《财经》记者估计，经历了财政部等六部委对违规举债的严管后，2017 年城投债净融资额可能会减半至 0.7 万亿元左右。

截至 2016 年底全国落地的 PPP 规模是 2.2 万亿元，市场估计 2017 年 PPP 落地规模在 2 亿—3 万亿元之间。对于严查违规举债对 PPP 的影响，中信建投的报告指出，“PPP 会更为规范，会减量，但不会断流。”

由此，2017 年基建投资缺口相对 2016 年加大。这只是简单粗略的估计，不可避免地会出现统计口径不够准确的因素，但城投债、PPP 的规模缩减必定会给基建投资带来制约作用。

华融证券首席经济学家伍戈对《财经》记者称，基建融资压力在这一个月之内变得更大了。稳健中性的货币政策、金融行业去杠杆，基建资金对基建投资规模的制约效果将会更加显现。他直言，要持续观察房地产、制造业和外需等数据，如果房地产增速下滑，外需也仅是短暂向好，2017 年 GDP 目标仍需基建托底发力的话，基建融资的压力仍然很大。

防范地方债务风险在天平的一端，稳定基建投资、保证经济增长速度在天平的另一端，地方债在 2017 年的新变化影响着天平两端和天平的倾斜。专家预测，未来宏观决策在实践中可能去摸索其中的平衡点。

（原载《财经》，2017 年 5 月 15 日）

第二章

地方债溯源

《财政部关于坚决制止地方政府违法违规举债遏制隐性债务增量情况的报告》，给出了地方政府违法违规举债的原因分析，主要包括四个方面：一是一些地方政府不正确的“政绩观”，只考虑举债搞建设，不考虑还钱，也就是地方政府忽视项目建设的必要性；二是项目实施责任不落实，也就是说即使建设项目具有必要性，但项目建设缺乏可行性，忽略了地方政府的财力支撑；三是金融机构推波助澜，指出金融机构的“不作为”、违规提供融资也是积累隐性债务风险的原因之一；四是问责不到位，认为部分地方政府对违规举债责任人的问责不到位，存在“包庇”嫌疑，同时也包括金融机构问责。

在这些表象之下，地方债务的发生和累积还有着种种深层次的体制和制度原因，只有准确把握和会诊这些深层次原因，才能从根本上遏制地方政府隐性债务增加，一方面做到更好地化解风险，一方面实现地方政府投融资可持续能力的提升。

体制溯源

地方政府债务的形成和中国特色地方政府财政能力和投融资体制有很大关系，而这又和中央地方财政关系的演变密不可分。

新中国成立后，中央政府通过一系列法律法规确立了中央地方之间的财政关系，这些措施主要是加强中央政府在财政收支上的统一调度权力。

不过，在“第一个五年计划”完成后，党和国家领导人毛泽东强调要给予地方更多的独立性，发挥地方的积极性，“大跃进”在某种程度上就是通过一系列制度设计将放权思想贯彻到国民经济建设中，但是其造成的严重经济困难使得中央不得不重新审视与地方的关系，于是中央决定在一定程度上收回此前下放给地方的权力，将 1958 年实行的“以收定支，五年不变”改为“总额分成，一年一变”，国家预算从中央到地方实行一本账，保持收支平衡，不允许地方进行赤字预算，同时整顿地方政府的预算外资金等。

1978 年后，中国经济驶入快车道，中央的财政权力开始了再次向下转移的过程。1980 年至 1993 年这段时期内，中国的财政体制采用“财政包干”体制，中央每年核定各省份的财政收入，上交任务及财政支出指标。与之前统收统支的财政体制相比，地方政府拥有了独立的预算定制权，以及一定的财政自主性。

1980 年 2 月，国务院颁布《关于实行“划分收支、分级包干”财政管理体制的暂行规定》，彻底放弃统收统支管理体制，全面推行包干式财政管理体制，进一步扩大地方财政权限。1984 年，中国全面推行“利改税”改革，由于财政收入来源的内容与形式均发生了变化，中央顺势相应调整了财政管理体制。

从 1988 年开始，中央在坚持包干财政管理体制，基本原则不变的基础上，实行收入递增包干、上解定额递增包干、定额补助包干等多种包干办法。这种财政体制又被称为“一省一率”。

从整体上看，在“财政包干”体制下，财政收入大于支出的省份，将包干部分上缴中央财政，地方超收或者支出结余都由地方自主支配；完不成收入任务或者支出超额也完全由地方政府自己负责。

随着时间的推进，“大包干”的财政体制弊端不断显露。

一是容易打击地方的积极性。以上海为例，其实行的是定额上解加递增分成的模式，比如地方政府每年财政收入 165 亿元，则 100 亿元归中央政府，65 亿元归地方政府，每增加一亿元，中央与地方五五分成。在这种模式下，上海实行财政包干的五年间，财政收入基本维持在 163

亿元至165亿元之间，几乎没有增长。

二是催生出地方政府隐藏税源的行为。因为在此种制度设计下，地方政府会主动参与管理来增加本地政府的固定收入，中央难以真实地掌握地方经济运行情况。比如，北京采取的是收入递增包干分成模式，约定的年增长率是4%。5年之中，北京每年财政增长为4%，然而分税制之后才发现北京隐瞒了98亿元的收入。

此外，中央政府对宏观经济的调控能力也在不断被削弱。1980—1990年，国内生产总值平均增速为9.5%，与此同时中央财政收入占国内生产总值的比例却在不断下降。1984至1993年，中央财政收入占总财政收入的比例从40.5%下降到22%，同时支出占比也从52.5%下降到28.3%。由于收入占比一直低于支出占比，这段时期，中央财政处于相对薄弱的状态。

为了扭转了这种局面，1994年开始分税制改革。在分税制改革的历程上，十四届三中全会起到了“一锤定音”的决定性作用，分税制改革被正式写进《关于社会主义市场经济若干重大问题的决议》。

分税制改革的具体措施包括中央与地方根据税种来划分财税收入、明确事权和支出责任、政府间财政转移支付制度、预算编制和资金调度等。

分税制的措施非常复杂，但是起到了立竿见影的效果。中央财政在总财政收入的比重从22%一跃升至55.7%（见图2–1）。

通过这次改革，中央政府成功获得了在改革初期转移到地方政府的大部分财政收入权利。中央财政收入占比跳升，而所承担的事项和支出责任开始向地方财政下放。换句话而言，对于地方政府来说，其收入减少了，而支出却增加了。

与此同时，分税制改革在省级以下政府并没有推行到位，在地方政府的财政支出责任逐步扩大的同时，大部分省级以下地方政府仍然是传统“包干制”和“分成制”，大部分财力集中在省级政府手中，市、县级政府可支配的财力很少，并且越到基层政府，其支出责任越大，支出责任与财力保障倒挂的现象就越严重。

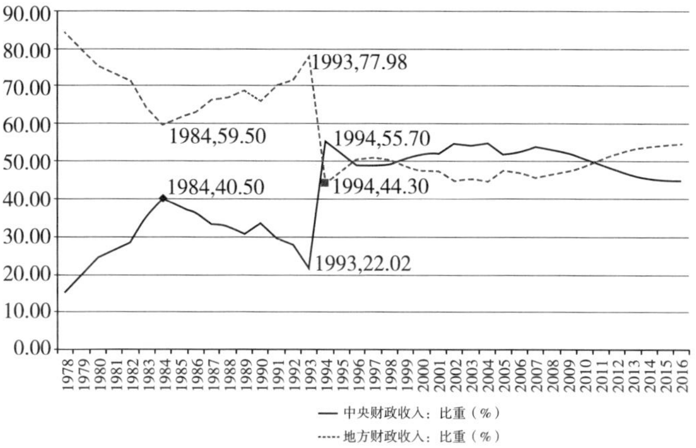

图 2–1　1978 年 –2016 年中央财政和地方财政在总财政收入中的比重

制表：Wind 资讯。

近年来，央地关系又有所调整。2016 年 8 月，《国务院关于推进中央与地方财政事权和指出责任划分改革的指导意见》颁布，文件要求“适度加强中央的财政事权”，这为改善地方政府财权和事权不匹配状况提供了可能性。

现行中央与地方的财权配置主要是由国务院制定的《关于实行分税制财政管理体制的决定》进行规定，并由此确立了中央与地方事权与财权的格局。有专家建议，应该制定《中央与地方财政收支划分法》和《财政转移支付法》等法律，规范中央政府与地方政府之间的财政关系，深化财政体制改革。

土地财政功与过

土地财政是指 1994 年中国分税制改革以后，在中央与地方财政分权体制不健全条件下，地方政府为缓解财政压力，利用现行的土地产权与管理制度的不足，以自由可支配收入、资源控制及政治收益综合的最大化为目标，以城市用地规模膨胀为核心，通过土地收购和出让之间巨大的价格“剪刀差”，获取由地方政府自主支配的土地资产收益及其延伸收益。它主要被地方用于基础设施建设和生产性投资活动，由此形成地方政府一套相对独立的收支活动与利益分配体系。

当前，地方政府财政收入主要由三大部分组成，以税收收入为主的公共财政收入、以土地出让金为主的政府性基金收入和中央对地方的税收返还及转移支付。这其中土地出让收入已成为很多地方财政收入的主要源泉。土地财政是造就中国经济增长奇迹的重要推手，同时，对土地财政的过分依赖，会伤及中国经济可持续发展和地方财力可持续维系，还有可能引发经济系统性风险。

我国土地财政的开端是在 20 世纪 80 年代。1987 年 9 月 9 日，深圳在全国首次以协议方式有偿出让一块 5321.8 平方米的土地，拉开了土地改革的序幕。同年 12 月 1 日，深圳又在全国第一次以拍卖的方式出让土地。

新中国成立以后，我国长期实行计划经济，国家对土地进行统一划拨来配置资源，土地一度失去了商品属性。改革开放以后，外资大量涌入中国，国有土地的有偿使用问题随之而来。于是在 1979 年，国务院颁布了《中外合营经营企业法》，通过法律的形式规定国有土地必须有偿使用，“中国合营者的投资可包括为合营企业提供的场地使用权。如果场地使用权未作为中国合营者投资的一部分，合营企业应向中国政府交纳使用费”。

深圳作为我国第一批经济特区之一，在城市土地使用制度改革方面充当了排头兵，率先试行征收土地使用费，根据土地的区位条件，以 1—21 元 / 平方米不等的标准征收，此后征收土地使用费的做法被全国其他地区所效仿，截至 1988 年共有 100 多个城市征收土地使用费。在借鉴香港的土地批租制度后，有数据统计 1982 年至 1986 年，深圳市合计征收土地使用费 3848 万元。

这种模式借鉴的是香港的“土地批租”制度。香港的土地管理制度实行的是政府所有制下的土地批租制度，由香港政府一次性出让若干年的土地使用权，并一次收取出让期内各个年度地租的贴现值总和。香港政府与土地受让人会签订一份土地契约，契约会规定土地的地理位置、面积、租约期限、土地用途（比如住宅、工商业用途或者其他），以及对土地使用的限制条件（比如建筑物的高度、式样等），土地契约中的各项条款不得更改，如果受让人要改变土地用途，在不违反城市规划的前提下，事先提出申请，获得同意并补交相应的地价后即可更改。

这种批租制度的好处在于能够对土地的发展利用保持良好的管制，此外能够使政府获得可观的财政收入，从而在较短的时间内促进基础建设的发展，减轻政府的税收压力。但是这种制度也有负面影响，其中最明显的就是提高了房价，抬高了居民的置业门槛。

1988 年 4 月 12 日，七届全国人大一次会议通过了《中华人民共和国宪法修正草案》，删除土地不得“出租”的规定，并明确规定“土地使用权可以依照法律规定转让”，从宪法层面确定土地使用权有偿转让制度；同年 12 月 29 日，《中华人民共和国土地管理法》，增加“国有土地和集体所有土地的使用权可以依法转让”和“国家依法实行国有土地有偿使用制度”等内容，在专业法层面正式确立了中国的土地使用权转让制度；1995 年出台的《房地产法》规定，符合一定条件的土地必须以招标或者拍卖的方式向市场供给，为土地改革指明了具体的操作方向。

1994 年以后，“土地财政”在我国大规模普及，这与分税制的推行有密不可分的联系。

20 世纪 80 年代末期，土地出让制度基本确定，但是围绕土地出让金的分成制度却始终没有确定。

一开始，中央分成占大头。1989 年 5 月，《国务院关于加强国有土地使用权有偿出让收入管理的通知》（国发〔89〕第 38 号文）规定，各地区所有的土地使用权有偿收入都必须上缴财政，中央与地方分成的比例为 40∶60。

四个月后，1989 年 9 月，财政部《关于颁发〈国有土地使用权有偿出让收入管理暂行实施办法〉的通知》（财综字〔89〕第 94 号文）对分成内容再次进行调整，规定土地使用权收入扣除土地出让业务费后，全部上缴财政，上缴财政的部分，取得收入的城市财政部门先留下 20% 作为城市土地开发建设费用，其余部分 40% 上缴中央财政，60% 留给取得收入的城市财政部门。经过计算，中央与地方的分成比例大致为 32∶68。

三年后的 1992 年，财政部《〈关于国有土地使用权有偿使用收入征收管理的暂行办法〉和〈关于国有土地使用权有偿使用收入若干财政问题的暂行规定〉》（财综字〔92〕72 号文），规定中央与地方按照 5∶95 的比例分享土地出让金收入。直到 1994 年，分税制改革规定土地出让金作为预算外财政收入不参与体制分成，作为地方固定收入全部划归地方。

1998 年修订的《中华人民共和国土地管理法》第五十五条规定，新增建设用地有偿使用费 30% 上缴中央财政，70% 留给地方政府。1998 年住房制度改革全面激活了中国的住房市场，促进了土地财政的发展，招、拍、挂的土地出让方式逐步被确立。

土地财政的繁荣是在 2000 年以后。2003 年土地招拍挂等一系列制度创新使得“土地财政”不断完善。土地财政兴起于东南沿海，随后传导至中部，再传到西部，成为各地执政者视为促进经济发展的“金如意”。

不过，“土地财政”作为一个专有名词出现却是在 2007 年左右。这一专有名词的出现反映了以国有土地出让收入为主的土地资产性收入成为与政府预算收入逐步比肩而立，成为市县“第二财政”。

2011 年，全国土地出让收入为 3.1 万亿元，占当年地方财政收入的比重高达 60%，在一些沿海发达城市，土地出让收入等于甚至超过了地方预算收入。

我国地方政府的债务偿还资金来源目前过度依赖于土地出让收入，

2013 年全国入地出让金收入 4.125 万亿，全国地方财政收入为 6.8969 万亿，土地出让金收入占地方财政比重高达 59.81%。

为了进一步规范土地出让收入的支出管理，中央政府不断指定其具体用途。2011 年 8 月，中央规定土地出让收入首先要支付四项法定支出：自 2004 年起，土地出让平均纯收益不低于 15%，要用于农业土地开发；自 2008 年 1 月 1 日起，土地出让净收益不低于 10% 的比例要用于廉租住房保障；从 2011 年 1 月 1 日起，严格按照土地出让净收益 10% 的比例计提教育资金；从 2011 年 7 月 1 日起，严格按照土地出让净收益 10% 的比例计提农田水利建设资金。

此外，相关部门还推进土地制度的改革。2015 年 2 月，全国 33 个县市区开展农村土地征收、集体经营向建设用地和宅基地制度三项农村土地制度改革试点。该试点拟暂时停止《土地管理法》等关于集体建设用地使用权不得转让的规定，允许农村集体经营性建设用地入市，并将提高被征地农民分享土地增值收益的比例。上述试点在 2017 年 12 月 31 日前试行。农村经营性建设用地直接入市，对目前地方政府的征地制度可能会造成直接冲击。

从长远看，土地财政是不可持续的。自 2013 年开始，土地出让收入有了明显下降趋势，地方政府必须寻求其他方式来弥补收支之间的差额。

围绕土地联姻

土地财政催生出了土地金融，土地金融反过来又促进了土地财政的膨胀。土地金融的主体是土地抵押贷款和以土地储备为基础的融资平台公司对外融资及由此产生的相关债务。

根据土地抵押贷款的主体不同，可以分为两大类别：一类是对政府土地储备机构的贷款，另一类是对政府的投融资平台的贷款。

地方政府是土地财政的中枢，围绕土地财政的运作，设置相关机构以及流程。政府的土地储备机构通常是受政府行政机构委托的事业单位。为了避开金融机构对政府部门贷款的限制，大多数地方土地储备机构采取的是“两块牌子，一套人马”的做法，政府土地储备结构与（房地产）开发企业一体化，也就是说，政府在履行行政职能的同时也扮演了开发商的角色。

1997 年 8 月，杭州成立了全国第一家土地储备中心，其主要职责是利用银行贷款和财政拨款，收购位于市中心的破产或是效益不高的国有、集体企业的划拨土地。此举带来两方面好处，一是政府获得了大量的优质城区土地，缓解了用地指标；另一方面，大批“关停并转”企业获得资金，解决了下岗职工的生计和出路，推动企业改制。

1998 年，杭州经验被推广，各地纷纷成立土地储备机构。出让土地的类型有三大类，分别是经营性、公益性和工业性。根据现行土地管理制度，土地储备机构几乎垄断了对商业、旅游、娱乐和商品住宅等各类经营性用地的供给，以市场化的招标、拍卖、挂牌方式出让。

对于工业、仓储用地以及地方政府给予扶持的项目的用地，以协议方式出让。与经营性土地出让不同，各地政府为了在 GDP 竞争中取得胜利，在招商引资的大环境下，工业用地项目追求的是 GDP 产出的最大化，而不是土地出让收入的最大化，因此工业性用地出让的价格会相对较低，甚至在有些情况下，政府还需要倒贴一部分，作为对企业的补助。

对于公路、水利、教育、卫生、公共基础设施等公益性土地，一般而言都会免费划拨给用地单位使用。公益性用地的出让收入一般而言是不能抵消掉土地开发成本的，大多数情况下需要地方政府“倒贴”。

由于各个类型的土地收益情况大相径庭，因此催生出“以地养地”的情况，即土地储备机构相关政府监管部门的默许下，将一部分条件优越的公益性用地以经营性用地“招拍挂”的形式出让，获得高额的土地出让收入，以此获取银行贷款来补贴公益性建设的支出。

地方融资平台的出现背景与土地财政是类似的。1994 年分税制实施后，地方财政支出严重超过地方财政收入。同时 1995 年开始实施的《中华人民共和国预算法》第 28 条规定，“地方各级预算按照量入为出、收支平衡的原则编制，不列赤字。除法律和国务院另有规定外，地方政府不得发行地方政府债券”。除了不允许赤字和发债，法律还规定各级政府部门不能向银行贷款。

在社会经济建设有巨大融资需求的情况下，为解决财政资金缺口，20 世纪 90 年代起，地方政府开始尝试通过设立融资平台公司对外融资，并逐渐形成了一定规模的融资平台公司债务。各地政府纷纷出资建立法人企业，参与基础设施的投融资和建设工作。包括城投公司在内的各种投融资平台如雨后春笋般在全国各地出现，业务主要覆盖土地开发、基础设施建设、国有资产运营等方面，融资与投资功能并重。在投资过程中，如果资金回流过慢或者利润率过低，政府往往采用划拨国有资产如土地所有权等方式为投融资平台持续运营予以支持。

从定义上看，地方政府投融资平台是指地方政府及其下属部门和机构，通过财政资金划拨或者土地、股权等资产注入而设立，为政府投资项目进行融资，并具有独立法人资格的经济实体，包括城市建设开发公司、城市建设投资公司、城市建设资产经营公司等多种不同类型的公司。名称虽然存在较大差异，但本质上这些公司都是依靠政府划拨股权、土地等资产组建而成。在筹集资金的过程中，有时会以政府财政补贴作为还款承诺，投资重点集中在公用事业和市政基础建设等项目上。

最为常见的城投融资模式如图 2–2 所示。政府将土地注入城投公司，城投公司利用土地抵押从银行获得贷款，这笔贷款用于政府的城镇化建设和基建投资，城镇化建设、基础设施条件改善后，城投公司获得的土地又得到升值，随后城投公司的贷款通过升值后的土地偿还，城投实在还不上的贷款由政府兜底。这个模式与土地财政一脉相承，在城镇化建设和土地升值的条件下是可以实现良性循环的，这也是为什么地方政府格外钟情于城投模式。

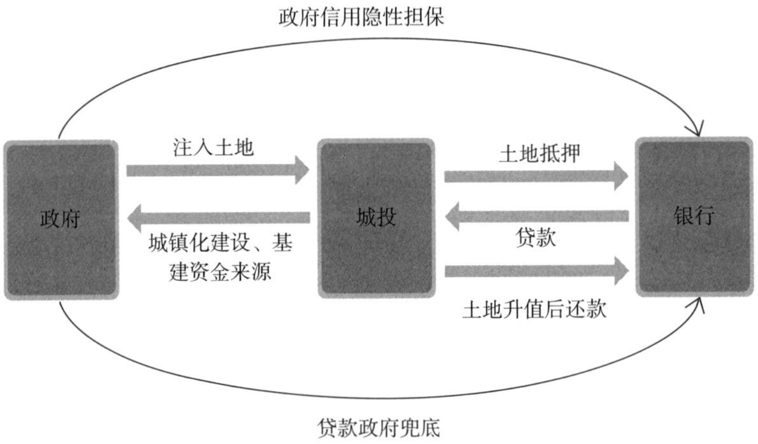

图 2–2　城投融资模式

制图：笔者根据公开资料及实践观察绘制。

多年以来，地方政府投融资平台的融资主要采取“间接融资为主，直接融资为辅”的方式，通过政策性银行、商业银行办理信用贷款、抵押贷款等进行间接性融资，财政补贴及土地出让作为收入的补充；部分有条件的地方政府投融资平台通过发行债券、票据、上市、项目融资、资产证券化等方式开展至二级融资。总而言之，地方政府投融资平台依赖于银行中长期贷款和短期流动资金贷款等负债方式较多，利用资本市场直接融资比例较低，缺乏持续融资的顺畅通道。

我国地方政府投融资平台的融资渠道主要有银行贷款、债券融资、信托融资和股权融资、项目融资等方式。银行贷款是间接融资的主要渠道，也是我国地方融资平台最主要的融资方式。

债券融资是指平台公司通过发行债券筹措资金。2015 年新《预算法》实施以前，地方政府融资平台的债券融资包括财政部代发的地方政府债券和城投债。新《预算法》实施以后，地方政府获得了发行债券的权利，地方政府债券可以由地方政府自行发行，不允许企业或者事业单位代发政府债券。城投债又称作“准市政债”，是以地方政府投融资平台作为债券的发行主体，包括公开发行的企业债券、短期融资债券和中期票据，其主要投资方向多为地方基础设施建设项目或公益性项目。

城投债成为继银行贷款之后地方政府投融资平台的第二大主要融资渠道。

融资平台是与非

总体来说，地方政府投资融资平台经历了如下发展阶段，分别为萌芽阶段、起步阶段、发展阶段、扩张阶段、调整阶段。

萌芽阶段（20 世纪 80 年代—1994 年）。20 世纪 80 年代，为了解决地方基础设施建设资金不足问题，广东省率先开创了“贷款修路，收费还贷”的投融资模式，非常有效地缓解了地方财政紧张的问题，是地方融资平台建设的一次前期探索。随后的 1986 年，国务院批准上海市可以采取“自借自还”的方式，开展利用外资进行基础设施建设的投融资活动。

1987 年，上海成立上海久事公司，作为政府“自借自还”投融资活动的载体，这是我国第一个地方政府投融资平台的雏形。为了防范债务风险，继续上海的城市建设，上海市城市建设投资开发总公司于 1992 年注册成立，是全国第一家专业从事城市基础设施投资建设的综合性投融资平台。在 2017 年 9 月 20 日发布的《中国地方政府投融资平台转型发展评价结果出炉——省级》一文中，雄踞地方政府投融资平台省级排行榜第二位的为上海城投（集团）有限公司，而上海城投（集团）有限公司的前身就是 1992 年成立的上海城市建设投资开发总公司。

起步阶段（1994 年—1997 年）。1994 年实行分税制改革后，地方政府资金日益紧张，为了解决基础设施建设的融资问题，各地纷纷开始成立类似平台公司的行政机构，统筹城市的规划与管理，逐渐形成了“经营城市”的新理念。这一阶段中，中央政府考虑到地方面临的巨大财政压力，所以在融资体制上给予了地方政府较大的操作空间，并在一定程度上适当地放松了对地方政府的融资管控，这使得类似平台公司的行政机构在这一阶段得到大范围的发展，并开始不断摸索新的融资模式来解决地方政府财政压力。这个阶段成立的类似地方投融资平台公司的行政机构，在实践中积累了大量的投融资经验，为后期地方投融资平台的成立和功能的不断完善奠定了基础。

发展阶段（1997 年—2008 年）。受 1997 年东南亚金融危机影响，我国的出口贸易严重萎缩，为了缓解危机对我国经济的影响，中央实施了扩张性的货币政策和积极的财政政策，加大国内基础设施的投资力度。按照我国当时的投融资体制，国家级的基础设施建设项目，地方需要按照一定比例安排配套的财政资金。但是当时地方政府在融资渠道上受到《预算法》的限制，因此，地方政府纷纷组建城投公司，并由该公司替政府出面开展基础设施建设的投融资业务。当时的投融资公司采用 BOT、BOOT 等多种形式的融资手段，加之政府背书的背景，得以以少量的本金换取了大量的资金，极大地缓解了地方政府的财政压力。

随着时间的推进，平台公司的问题也开始渐渐积累。由于没有建立现代企业制度，缺乏制度规范和风险管控，平台公司积累了较高的债务风险，并且存在非常明显的管理缺陷。为提高平台公司的运行效率，规范其运作，国务院于 2004 年颁布了《国务院关于投资体制改革的决定》。随后，地方投资公司开始进行改进、重组，并吸引部分社会资本参与。但是这次改革并不彻底，投融资公司的弊病依然存在。

扩张阶段（2008 年—2010 年）。2008 年美国次贷危机引发全球金融危机，为了防止金融危机对我国的影响，中央在 2008 年底出台了 4 万亿元经济刺激计划、主要目标是“保增长、扩内需、惠民生”，避免我国经济“硬着陆”，实现经济平稳过渡。4 万亿元的资金主要投向了基础设施领域，这 4 万元亿当中，中央政府出资 1.18 万亿元，其余约三万亿都由地方政府和企业承担。

地方政府通过三种途径筹集到剩余的三万亿元，一是中央财政代替地方财政发行 2000 亿元的国债，中央代发，地方政府偿还；二是银行发放部分期限较长利率较低的贷款；三是利用地方投融资平台来发行企业债券，从而引起了投融资平台数量大幅增长。

2009 年中国人民银行和银监会联合印发了《关于进一步加强信贷结构调整促进国民经济平稳较快发展的指导意见》（银发〔2009〕92 号），支持有条件的地方政府组建投融资平台，通过发行企业债、中期票据等方式，为中央财政项目的配套资金融资。

有了政策支持，地方政府积极成立融资平台。2009 年，融资平台数量激增，一年新增了 2000 余家。作为对比，1992 年至 2008 年新增的融资平台数是 6000 家，2009 年一年成立的融资平台数量是前 17 年的 1/3，各地对成立融资平台的热情由此可见一斑。城投债的规模也在迅速扩张，2009 年城投债从 546.3 亿元（2008 年）激增至 2804.6 亿元。

以城投公司为主的地方政府投融资平台，对经济危机后中国经济的恢复和城镇化的作用不言而喻。中国 GDP 在 2009 年出现“V”型反转，城镇化在 1994 年之后加速，都离不开城投公司和基建投资的重要作用。

根据中国人民银行 2010 年《中国区域金融运行报告》与中国银监会《2010 年二季度经济金融形势分析通报会议》统计，截至 2009 年末，我国地方政府融资平台已由之前的 3000 多家扩展到 8000 多家，其总资产规模达到 9 万亿元人民币，其中贷款规模约为 7.38 万亿元。县级地方投融资平台约为 5000 家，约占平台总数的 60%，贷款余额约为 2.2 万亿，占贷款总额 29%，平台公司呈现出向县级城市纵深发展的趋势，但东部沿海等发达地区的贷款规模远比县级平台大，占贷款余额的 61%。

调整阶段（2010年—现在）。在火热的地方政府投融资平台模式背后，地方政府隐性债务日益加大。这源于包括城投公司在内的地方政府投融资平台对资金成本并不敏感，虽然在某一个时间点资金成本在上升，但在经济下行压力和地方政府要求下，地方政府投融资平台还是得在高成本的情况下借贷，这样实际上是增加了平台和地方政府的债务。

经历了十多年的发展，融资平台公司虽然对城镇化建设作出了贡献，但其在发展过程中产生的问题也不容忽视。为应对融资平台公司在运作过程中带来的风险，政府频繁出台相关政策进行指导调整。2014年，国务院发布《关于加强地方政府性债务管理的意见》（43号文）后，各地方政府也纷纷出台促进融资平台转型调整、创新发展的指导意见，促使平台公司向市场化方向规范运行。

延伸阅读：“病根”探究

财政部揭地方违法违规举债四大成因

曲静怡

近日，审计署网站公布《财政部关于坚决制止地方政府违法违规举债遏制隐性债务增量情况的报告》（以下简称《报告》）。报告全面梳理、回顾了2014年43号文（《国务院关于加强地方政府性债务管理的意见》）之后的地方政府债务管理的整体框架、面临的问题以及未来将要采取的措施。

“《报告》对我国地方债成因进行了分析，并指出下一步工作要积极稳妥化解存量隐性债务，尤其是提到要坚决打消地方政府认为中央政府会‘买单’的‘幻觉’，坚决打消金融机构认为政府会兜底的‘幻觉’。同时也强调要开好地方政府规范举债融资的‘前门’，并稳步推动融资平台公司市场化转型。”中信建投证券分析师曾羽表示。

防风险责任增强 地方政府规范举债融资“开前门”

《报告》主旨明确，“制止地方政府违法违规举债、遏制隐性债务增量”，落脚点是“地方政府隐性债务风险”。总共分为 4 个部分：第一，认真学习领会、坚决贯彻党中央、国务院决策部署，充分认识防范化解地方政府隐性债务风险的重要性和紧迫性；第二，依法构建规范的地方政府举债融资机制，当前地方政府债务风险总体可控；第三，地方政府违法违规举债问题的成因分析；第四，下一步工作考虑。

具体来看，《报告》第一部分“地方政府隐性债务风险”是三大攻坚战之一“防范化解重大风险”的重要组成部分，2017 年 7 月份全国金融工作会议、中央政治局会议、国务院常务会议对防范化解“地方政府隐性债务风险”作了明确部署。天风证券固定收益首席分析师孙彬彬认为，这一部分是对“地方政府隐性债务风险”工作的定位，强调了其重要性。

曾羽表示，党的十八大以来，财政部会同有关部门依法加快建立规范的地方政府举债融资机制，逐步建立地方政府债务管理各个环节的“闭环”风险防控体系，在防风险、终身问责的严厉环境下，“刚兑信仰”已经逐步分化，防风险提到新高度。

在第二部分中，《报告》指出，当前地方政府举债融资的整体框架始于 2014 年的 43 号文，包括地方债限额管理、预算管理、新增债务、置换债务、专项债务等一系列政策规定，以及对地方政府债务的风险安排，从“风险预警”“应急处置”“日常监督”到现实中的“问责处理”。孙彬彬认为，这一部分重点在于梳理当前地方政府债务管理的完整框架，标志着历经 3 年时间的地方政府债务制度框架建设已经完成，接下来就是要在这个制度框架下“发现问题、解决问题”，包括“问责处理”。

此次《报告》在强调“堵偏门”的同时，也提出了开好地方政府规范举债融资的“前门”，包括适度增加地方政府债务限额、支持地方政府合法合规与社会资本合作、支持市场化融资和担保。“预计随着‘堵偏门开正门’以及长效机制的理顺，地方将逐步建立财力事权更加匹配的现代财政制度。”曾羽说。

《报告》本次披露的“前门”数量较市场所理解的“前门”多了一种，而第三种“前门”实际上在2017年50号文（《关于进一步规范地方政府举债融资行为的通知》）里面已经有所展现。在孙彬彬看来，地方政府规范举债融资的3种“前门”，其实是指地方政府投资项目资金来源的3种方式，既可以来自于地方政府发行的地方债，也可以来自于PPP模式下吸引的社会资本（包括符合条件的银行贷款等债务资金），还可以来自于地方政府支持下的担保公司提供增信的项目融资。

厘清债务边界　遏制隐性债务增量

《报告》第三部分对地方政府违法违规举债的原因进行了分析，主要包括4个方面：一是政府不正确的“政绩观”。二是项目实施责任不落实，也就是说即使建设项目具有必要性，但项目建设缺乏可行性，忽略了地方政府的财力支撑。三是金融机构推波助澜，这里特意指出金融机构的“不作为”、违规提供融资也是积累隐性债务风险的原因之一。孙彬彬认为，针对这一成因的解决方案以及金融机构的应对态度，将是影响城投平台再融资以及城投债资质的关键因素。四是问责不到位，实际上是在谈部分地方政府对违规举债责任人的问责不到位，存在“包庇”嫌疑，同时也包括金融机构问责。“这一部分的成因分析，对于城投债投资人而言最为关心或者最出乎意料之处在于，金融机构未来对于城投平台融资的态度存在较大的不确定性。”孙彬彬说，不过，应从一个更高的层次来理解“积极稳妥化解存量隐性债务”的含义。

国信证券分析师董德志认为，遏制隐性债务增量，目的是不让风险继续积累。《报告》指出，从地方政府的角度，一个很重要的手段在于“加大财政约束力度，有效抑制地方不具备还款能力的项目建设”。遏制了不具备“可行性”的项目建设，自然就降低了地方政府负债的可能性，对于城投平台而言，也就减少了未来可能为新项目融资的压力，从这个角度来理解，其实是降低了平台的新增融资需求。

从金融机构的角度讲，要求比较严格，“对没有稳定经营性现金流作为还款来源或没有合法合规抵质押物的项目，金融机构不得提供融资，严格按商业化原则提供融资。”孙彬彬解释道，这一条实际上涉及到了50号文和87号文（《关于坚决制止地方以政府购买服务名义违法违规融资的通知》）之后市场最为担心的一个问题，也就是缺少了地方政府的“担保函”，金融机构如何看待城投平台信用资质。在“商业化原则”下，银行或者信托是否可以像债券市场投资者一样接受“无担保”的城投平台。

“从这一点来看，金融机构的态度与选择将是短期内影响城投债估值的关键因素（短期影响偏负面）。”孙彬彬说，实际上，债券市场对于“无担保”的城投平台的看法已经趋于悲观，但是市场的“自然选择”为未来的城投平台提供了一个可预期的融资模式，2016年以来，越来越多的城投平台在发债时选择融资担保公司作为担保人（主要集中在主体评级AA和AA-的主体，一是满足发债最低要求，二是降低融资成本），而这种市场的“自然选择”，实际上也是监管鼓励的方向之一。

长效机制逐步建立　融资平台公司市场化转型

《报告》第四部分讲了未来开展“制止地方政府违法违规举债、遏制隐性债务增量”工作的6个方向：一是遏制隐性债务增量，对地方政府加大财政约束，对金融机构要求提高融资门槛；二是化解存量隐性债务，既要打消中央为地方“买单”的“幻觉”，也要打破政府为金融机构兜底的“幻觉”；三是“开前门”，总结了地方政府规范举债融资的三种途径：发行地方债，与社会资本合作（PPP、政府投资基金），出资成立担保公司为项目市场化融资提供担保；四是推动融资平台转型，既要切断平台与地方政府信用挂钩，同时仍然支持转型平台继续承接政府公益性项目；五是健全问责机制；六是健全长效管理机制，侧重于长期制度建设。

推动融资平台转型要从三个方面解读：首先，规范融资平台公司融资管理。《报告》强调“严禁新设融资平台公司”不仅仅是意味着地方政府未来不能通过新设融资平台来增加“融资空间”，更有逐步清理融资平台的意图，未来融资平台实际上面临着清理、整合，数量下降的趋势。

其次，分类推进融资平台公司市场化转型。所谓“分类推进”，孙彬彬解释道，结合《中共中央国务院关于深化国有企业改革的指导意见》，作为地方国有企业的范畴，融资平台公司未来需要根据承担职能不同，分为公益类和商业类，公益类国有企业将是融资平台未来的合规存在形式。

“市场化转型”不意味着融资平台必须开展商业项目，市场化转型的核心在于平台自身经营或考核的市场化。孙彬彬认为，融资平台市场化转型并不意味着平台不能再参与政府类项目（包括没有经营现金流的公益类项目），而是要求融资平台在参与公益类项目的过程中是以市场主体的形式参与其中，地方政府和融资平台按照绩效考核等市场化方式来履行各自的权利和义务。

最后，防止地方国有企业和事业单位“平台化”。《报告》指出，“坚决制止地方政府将公益性事业单位演变为融资平台”，实际上就是要求将公益性事业单位（或国有企业）与“融资平台”做严格的区分。“但是这里的‘融资平台’与我们所说的对应城投债的‘城投平台’并不是完全一致的概念，这里应该是特指为地方政府举债融资的平台，也就是可能形成隐性债务的平台。”孙彬彬分析，本质上，这是要求平台或者未来的公益性国有企业不能够承担政府融资职能。

（原载《中国经济导报》，2018年1月10日）

第三章

化解地方债

化解与防范地方政府债务风险，实现政府融资的可持续性，作为经济改革的重要议程，是一项牵扯巨大的工程。目前国家已经明确了化解思路，就是当下大家常说的：“开前门、堵后门、筑围墙。”

开前门，是指明确规范的地方政府融资途径，包括完善政府债券融资体系，鼓励 PPP、资产证券化等相关探索。

堵后门，是指规范政府融资机制，对违法违规的融资行为设立负面清单并强化监管，重点关注违规担保等行为。

筑围墙，是指明确偿债主体，防范或有负债风险，将地方国企、城投的债务和政府债务隔离开，引导、支持和协助国企、平台转型。

2015 年 12 月 26 日，十二届全国人大常委会第十八次会议上，时任财政部部长楼继伟在谈到防范和化解地方债务风险时给了四招：一是规模控制，督促地方政府落实限额管理，地方政府的债务余额不得突破已经批准的限额。二是落实偿贷责任，督促地方政府统筹预算资金，偿还政府存量债务，必要时可处置政府资产。三是发行地方政府债券，置换到期债务，降低利息负担，缓解当期的偿债风险。四是鼓励地方将有收入来源的项目通过政府和社会资本合作的模式进行改造，也可以化解一部分存量债务。

存量债务置换

债券是重要的金融工具。地方政府债券是由地方政府发行并负责偿还的债券，简称为“地方债券”，或者“地方公债”和“市政债券”。2015 年新《预算法》实施以后，地方政府债券作为政府债券中的一个重要品种正式问世，对于规范地方政府融资渠道，完善多层次债券市场，控制地方债务风险，维护金融市场稳定具有重要意义。

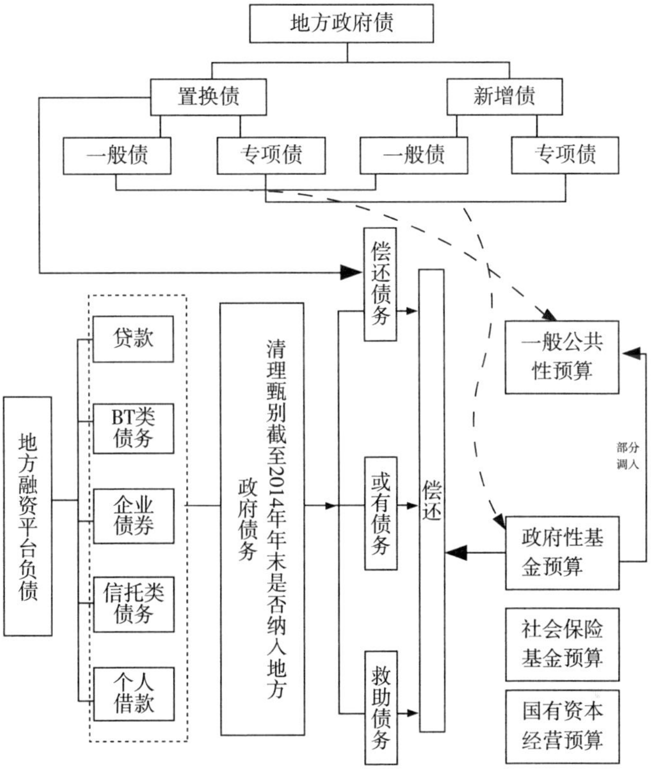

图 3–1　地方政府债

制图：笔者根据公开资料及实践观察绘制。

从债券筹集资金流向的角度看，地方债可以分为两大类，分别为一般类债券和专项债券。前者也可以称为普通债券，是指地方政府为缓解资金紧张或解决临时经费不足而发行的债券，通常针对没有收益的公益性事业；后者亦可称为收益债券，是指地方政府为建设某项具体工程筹集资金而发行的债券。对于一般债券的偿还，地方政府通常以本地区的财政收入作担保，而专项债则往往以政府性基金或专项收入来偿还。

43 号文规定，纳入预算管理的地方政府存量债务可以发行一定规模的地方政府债券置换。所谓地方债置换，就是将地方政府的短期、高息债务（银行贷款、理财产品、城投债等），置换成中长期、低成本的地方政府债券。省级地方政府是发行主体，亦是偿还主体。

这种“借新还旧”的做法从短期来看出于以下几方面考虑。

一是解决地方政府债务期限错配导致偿还压力增大的问题。以城投债为例，2015 年有 5063.82 亿元城投债到期，其中 3、4、5 月份是还债高峰期，到期债务分别为 680.8 亿元、802.5 亿元和 607.8 亿元，占全年城投债到期量的 40%，地方债务偿还压力陡增，而置换债券分为 3 年、5 年、7 年，置换后存量债务长期增加，存量债务偿还集中度明显下降，地方政府的债务周转及到期偿还压力明显减小；

二是解决地方债务结构不合理、资金成本错配严重的问题。我国地方政府债务资金的主要来源是银行贷款，占 56.6%，而类似于 BT、信托融资、城投债等资金来源也占了五成左右，地方政府债券在地方政府债务中的占比仅为 3.7%。这种债务结构将会带来两大方面的负面影响，一方面造成银行系统风险的不断积累，另一方面地方政府举债主要由平台公司代理，信用等级较低，融资成本偏高，置换后的债券票面利率在 2.3% 至 4.5% 之间，远低于此前的银行借款、企业债券以及信托等渠道的融资成本，大大减轻了地方政府每年偿还利息的压力。

长期来讲，债务置换有利于将地方政府的隐形债务显性化，建立地方政府举债的市场化平台与机制。

财政部曾要求各地上报存量债务情况并进行甄别认证。根据财政部资料显示，截至 2014 年末，存量的地方政府债务规模 15.4 万亿元，除 1.06 万亿元是过去批准发行债券外，剩余 14.34 万亿元债务，是通过银行贷款、融资平台等非债券方式举措的，是发行置换债券化解的对象。在债务置换的同时，降息通道开启，从 2014 年末至 2015 年末连续六次降低基准利率，为债务置换创造了条件。

2015 年 12 月，时任财政部部长楼继伟指出将用三年时间完成这

14.34 万亿元债务的置换工作。而第一批债券置换工作自 2015 年 3 月启动，批准额度 1 万亿元，5 月份起首批置换债券正式发行。2015 年共执行了三轮、额度共计 3.2 万亿元的债务置换，这与截至 2014 年底的债务中，2015 年到期需偿还的额度一致。

审计署在《2015 年度中央预算执行和其他财政收支的审计工作报告》中指出，在抽查的 11 省中，截至 2015 年末，黑龙江、山东、湖南、北京、内蒙古和广东等 6 个省发行的置换债券中，有 138.4 亿元（占 2%）未及时使用，并指出主要是未达成提前还款协议或偿还手续办理滞后等所致。

据财政部匡算，每发行 1 万亿元地方政府债券置换存量债务，可为地方每年节省利息支出 500 亿元左右。而还本时间也可推迟到三年、甚至更长时间以后。

楼继伟曾在 2015 年底表示，债务成本由置换前的 10% 左右下降到 3.5%，预计每年可为地方节约利息支出 2000 亿元。在目前土地收入减少的情况下发行置换债取得的资金，能够抵顶减收，可以使地方腾出一些资金用于重点建设。

2016 年及以后年度，省级政府可以在余额限额内发债，借新还旧。置换原则上由省级政府根据偿债需要、市场情况自行确定，中央政府不再硬性下达置换债务额度。而据测算，2016 年一年实际发行置换债券 4.87 万亿元。

表 3–1　近年来地方债置换与新增规模

（单位：万亿元人民币）

	置换债务	新增债务	债券形式存在的债务总额	政府债务余额
2014 年	–	–	1.06	15.4
2015 年	3.2	0.6	4.83	16
2016 年	4.87	1.17	10.6	15.32
2017 年	2.77	1.59	—	—

制表：笔者根据公开资料整理。

截至 2017 年 12 月末，年度的地方债发行“收官”。据国内评级机构中债资信统计，2017 年全国共发行债券 1134 只，发行规模共计 43580.94 亿元。其中，一般债 23619.35 亿元，专项债 19961.59 亿元；置换债 27654.37 亿元，新增债 15926.57 亿元。

值得一提的是，无论是置换债券，还是新发债券，都要遵循有关地方政府债券的发行政策，实行额度限制、参照一般债券和专项债券的分类等。既有存量债务又有新增债务限额，如何平衡？原则上来说，置换债的比重高，也就是说存量风险大的地区，新给的债务规模就少，不要再发那么多新债，要逐步地缓释风险。另外，也要督促高风险地区制定中长期债务风险化解规划，逐步通过控制项目的规模、压缩公用经费、处置存量资产、引入社会资本等方式，多渠道筹集资金，消化存量债务。

根据相关规定，置换债券可以采取公开发行和定向承销两种发行方式。债务置换帮助地方政府缓解偿债压力，节省利息支出的同时，对于银行等金融机构来说，则收益的利率降低了，而收益时间又被动拉长了，所以其实最初金融机构并不积极。

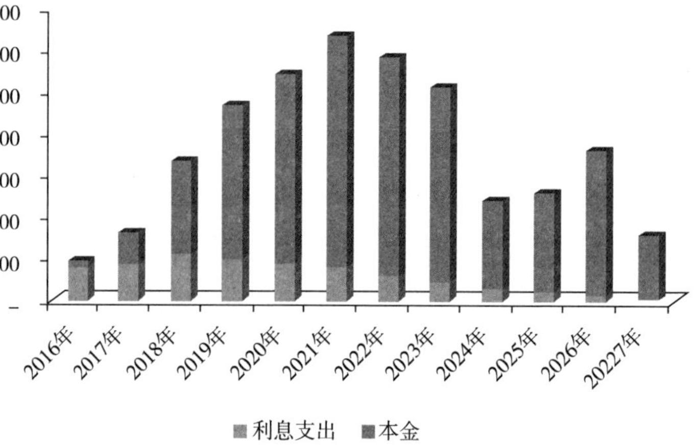

图 3-2　地方政府债券本息偿付预测

制图：Wind，诺亚研究。

2015 年 5 月，财政部、人民银行、银监会联合发布了《关于 2015 年采用定向承销方式发行地方政府债券有关事宜的通知》（财库〔2015〕102 号），提出“采用定向承销方式发行一定额度地方债，用于置换部分存量债务”。

102 号文规定地方政府存量债务中的银行贷款部分，与银行贷款对应债权人协商后，采用定向承销方式发行地方债予以置换。而存量债务中向信托、证券、保险等其他机构融资形成的债务，“也可”采用定向承销方式发行地方债予以置换。

102 号文要求，用定向承销方式发行的地方债暂不可在银行间市场和交易所市场进行现券交易，可以通过试点商业银行柜台市场进行流通。地方债纳入中央国库现金管理和试点地区地方国库现金管理的抵押品范围，符合条件的地方政府债券，按中国人民银行规定，可纳入部分货币政策操作的抵押品范围，纳入商业银行质押贷款的抵押品范围，并可按规定开展回购交易。

在定向承销的要求下，以银行为主的金融机构开始配合。对于金融机构来说，虽然收益打折，但有政府财政兜底，不会出现违约、坏账的情况；而且，商业银行可以把这些债务（作抵押）给央行，获得更多的基础货币，或是放贷空间，进而获利。于是，不少经济学家指出，这是“中国版 QE（量化宽松）”。

但是该说法被央行否认。央行有关负责人曾表示，贷款变成债券，只是在商业银行的资产负债表上表现为资产组合发生了改变，在这个过程中并不涉及中央银行进行流动性投放；将地方政府债券纳入到部分货币政策操作工具的抵押品和的质押品范围，只意味着地方政府债券与国债、政策性金融债等金融产品一样，获得了抵押品的资格，并不意味着央行将因此开展相对应特定额度的流动性投放。

此外，不少人士对定向承销这种“类行政摊派”的方式提出质疑，这使得 43 号文件所释放出的中央政府“不救助”的承诺恐大打折扣。但是亦有不少专家指出，地方政府债券由省级政府纳入预算、统筹偿还，其信用明显高于融资平台公司贷款，特别是低层级融资平台公司的贷款。现在以“银边债券”置换贷款，对银行来说，经营风险明显降低。

随着债务置换的推进，被置换的债务类型也呈现明显的变化。首批以银行信贷资产为主，因为银行信贷占比高，且银行不良资产率的指标压力大；接着是非标债权资产，非标债权资产对应的利率较高，但债权人是信托、银行等。而具有“金边光环”的城投债，由于在2015年处于利率下行周期，城投债估值上升，绝大多数城投债的估值高于票面价值，投资人没有动力同意城投债置换，因此2015年没有出现城投债置换的案例。自2016年四季度以来，利率上行幅度较大，以及城投公司与城投债剥离政府融资与债务，城投债估值普遍下跌，投资人置换城投债的意愿上升。而随着置换结束时间的临近，在2017年三季度以来，城投债开启了置换高潮。

在债务置换过程中，也暴露出不少问题。一是不少政府债务的主要债权人是银行，政府债券与贷款之间存在较大的利差，在经济下行压力较大的背景下，银行放贷规模压缩，不愿意提前解除贷款合同；二是部分市县、乡镇的债务逾期时间较长，有些债权人已将债券打包转让给资产处理公司，甚至有些单位连账务都没有登记清楚，利滚利至今，利息甚至超过了本金的4倍，导致这些市县的偿债积极性比较低；三是置换债券资金支出较慢导致库款上升，反而形成新的资金沉淀，比如2015年广西的置换债券采取的是先发行，之后按比例分配给地方政府，但是在此期间发行的债券类型和存量债务类型不配，导致债券资金支出效率成本较低；四是债券置换资金使用不规范，比如用于经常性支出、虚增财政收入等；五是政府债务管理涉及大数据和信息化管理，有些地方政府债务管理系统存在软件系统开发水平低、功能设计不完善、升级换代慢等问题，阻碍了债务管理效率提升。

值得一提的是，业内普遍将2018年年中作为“三年置换”的终点。但届时，第一批政府发行的债务置换债券也将迎来到期日。到时，地方政府能否按期偿付，存在一定不确定性；若出现未能偿付的情况，是否会继续展期置换？这是各方都在关注的问题。

化解城投债务

按目前市场通行的理解，地方政府的债务主要由地方政府债和城投债构成，前者的发行主体是地方政府，后者的发行主体是隶属于地方政府的投融资平台。从举债主体来说，地方政府债务中，来自城投公司（融资平台公司）的债务比重是最大的。据笔者观察了解，隐性债务 90% 集中在城投公司，且这些资金 90% 投在没有收益基础设施和民生项目上，同时，2018 年 -2020 年这三年，是城投公司还款高峰期。

因此，化解城投债务、推动城投转型，是化解地方债务最重要的任务之一。43 号文明确规定 2015 年以后政府不得通过城投公司举债，城投公司债务不再属于地方政府性债务。然而现实中，一方面城投公司依旧与地方政府保持着剪不断理还乱的关系，并不能完全退出政府性债务领域。另一方面，失去了政府信用做担保，依旧承担基础设施建设融资职责的城投公司由于自身盈利能力较弱，面临着巨大的偿债压力。

《财政部关于坚决制止地方政府违法违规举债遏制隐性债务增量情况的报告》中关于打破两个“幻觉”说法的提出，让城投公司如梦初醒，开始明白多数隐性债务的第一责任主体不是政府，而是城投公司，因此要打消政府兜底、保持城投债“金身不破”的幻想。该报告再一次强调：严禁新设融资平台公司；严禁融资平台公司做与政府信用挂钩的误导性宣传。

但是这并不意味着城投平台债务将面临极大的违约风险，或者说并不意味着城投债务完全失去“地方政府的支持”。为什么？原因在于“化解”的方法。

化解的方法可以大体分成两个思路，一是“从实际出发，分类审慎处置，继续整改违法担保，纠正政府投资基金、PPP、政府购买服务中的不规范行为”，这其实是履行“原则”、打破“幻觉”的方法，也可以说是“化解”的第一步，即理清隐性债务所涉及各方面的关系（既包括金融机构与平台的债券债务关系，还应该包括地方政府与平台的权利义务关系，尤其是合同协议已经确认的关系）。

二是“鼓励地方政府合法合规增信，防范存量债务资金链断裂风险”，这就是实操层面的要求，不能为了“化解存量”而带来“风险”（债务资金链断裂风险不仅仅意味着违约风险，还包括存量债务如何存续、滚动的问题，这里需要重点提示一点，债务违约风险也是“防风险”的一部分），方法就是地方政府的合法合规增信，既可以是增加担保（融资担保公司），也可以是资产划拨增加抵质押。

地方政府债务置换，有相当一部分是在化解城投公司债务。目前融资平台对于地方政府发行债券置换存量债务的账务处理方式主要有三种：

第一种，地方政府将债券所融资金下拨给平台公司，平台公司将获得的资金视作对政府的负债，在收到置换资金后，在账户的“借”方记货币资金或者银行存款，在“贷”方记专项应付款、其他应付款等负债类科目。这种方式不进行具体债项的债券债务关系转换。

第二种，地方政府将发债所融到的资金下拨给平台公司，平台公司将这笔资金视为政府支持资金，在正式收到置换资金后，“借”方记货币资金或者银行存款，“贷”方记资本公积等权益类科目或者记入营业外收入，进入损益表。这种方式也不进行具体债项的债权债务关系转换。

第三种，地方政府将发债所融到的资金直接下拨到平台公司，导致平台公司被置换的债务减少，具体到会计科目中一般是应收账款或者其他应收账款减少。此种方式下，平台公司、地方政府与借款机构签订相关的债权转换协议，债权债务关系由原来的“借款机构——城投企业”

转换为“借款机构——地方政府”。

城投债的大幅增长一方面是出于债务成本置换的需要，但更为重要的是，在实行地方政府债限额管理之后，地方政府失去了举债的灵活性，尤其对于市、县级政府来说，债务融资需求要层层上报至省级，并通过人大决议，耗时长、门槛高。相较而言，通过城投公司举债更为方便。此外，省级政府发债对于庞大的地方政府存量债务和新增融资需求来说显得“杯水车薪”，地方政府仍然有足够的动力和动机继续通过城投债进行融资。

如果严格执行43号文的规定，城投企业自行发债将逐步偃旗息鼓，但是许多转型成功的融资平台却开始酝酿“新型城投债”。这类城投债没有地方政府显性背书，但由于PPP项目具有政府长期稳定补贴，有稳定现金流，并且从事的项目依然与地方政府基础设施建设相关，因此与一般企业债相比依然具有相对优势。

比如，2014年11月，“2014年广州市第四资源热力电厂垃圾焚烧发电项目收益债券”正式启动发行。发行规模为8亿元，这是国家发改委审批通过的首支项目收益债。与传统城投债不同的是，此单项目收益债的本息兑付均来自于项目收益本身，地方财政不再为其提供“隐性背书”，项目实施主体广州环保投资集团与广日集团采取本息差额补足制度为债券增信。

存量城投债，未来将分化成两大类型。一类是被纳入政府债务的，将获得政府信用支撑，类似于准地方政府债券，信用水平取决于地方政府的财政实力和偿债能力；另一类是不被纳入政府债务的，将逐步转变为地方国有企业产业债，如果发行主体市场化并且项目运营PPP化，则将继续与政府保持一定关系，但绝非先前的背书关系，其信用水平完全取决于发债主体的信用能力变化。

是不是高评级债券才能被纳入政府债务，而低评级债券将被政府“抛弃”呢？答案恰恰相反。高评级债券因为其自身有一定的收入和现金流，以及有较多的政府经营性资产注入而不被纳入政府债务，其信用资质可能因为失去政府信用背书而下降，而低评级城投债反而可能因信用资质较差被纳入政府债务。

目前城投债资质差异更多与被纳入政府性债务的概率高低、与地方政府的亲疏远近、地方财政实力相挂钩，未来城投债的差异将主要集中在地方财政实力、个券流动性和评级等方面。由于融资平台公司的政府融资功能被逐步剥离，并且会进行渐进式的调整、改造，城投债分化将成为大的趋势。

地方债正确打开方式

堵上后门之后，还要打开前门。目前，地方政府债券的发行机制已基本建立。每年除置换债券外，在各级预算中，新增债券规模也稳步上升。

早在 20 世纪 80 年代末 90 年代初，地方政府为修路建桥筹资曾发行过地方债券，但是在使用过程中存在诸多不合理使用的行为，没有做到专款专用，比如将所筹集到的资金用于发放工资，或者以支援国家建设名义对债券发行进行摊派等。针对上述情况，1993 年，国务院及时叫停了地方债券发行。1994 年颁布的《预算法》明令禁止地方政府发行债券。直到 2009 年，为应对国际金融危机，国务院才试点放开地方债的发行。

2009 年至今我国地方债发展经历了三个阶段，分别是“中央代发代还”“地方自发、中央代还”和“地方自发自还”。

中央代发阶段（2009 年—2011 年），国务院在总结 1998 年到 2008 年十年地方举债经验的基础上，于 2009 年首次批准由财政部代理发行地方政府债券 2000 亿元，并对各省额度进行分配，河北 60 亿元，新疆 30 亿元，安徽 40 亿元，云南 84 亿元，广西 65 亿元，陕西 60 亿元，宁夏 30 亿元，贵州 64 亿元，辽宁 66 亿元，广东 110 亿元，受汶川大地震影响，四川获得的份额最大，为 180 亿元。这种模式下，地方债由中央代理发行，并列入地方预算管理。债券到期时，先由财政部代为还本付息，地方政府择机向财政部偿还相应款项。实际上，从 2001 起，国债发行总规模中就有少量中央政府代地方政府发行的债券，2001 年为 400 亿元，2002 年为 250 亿元，2003 年为 250 亿元，2004 年为 150 亿元，2005 年为 100 亿元。

地方自发、中央代还阶段（2011 年—2014 年）。2011 年，上海市、浙江省、广东省、深圳市四个地区成为地方政府自行发债的试点地区，在国务院批准的发债规模限额内，地方政府自行发行本地债券，与中央代理发行阶段类似，由财政部代为还本付息，地方政府择机偿还。

地方自发自还阶段（2014 年—至今）。经国务院批准，2014 年，在上海、浙江、广东、深圳、江苏、山东、北京、江西、宁夏、青岛试点地方政府债券自发自换制度，允许地方政府组织发债，强调地方政府自行还本付息。

步入新阶段后，地方政府债券的发展将有助于化解地方政府债务的局部风险，规范和建立以政府债券为主体的地方政府举债融资机制，同时，也将有助于稳增长和实体经济发展，促进多层次资本市场建设。

专项债为地方政府融资开了正门，但是由于不同领域的专项债收益迥异，风险不一，因此我国地方政府并未细化具体的专项债品种，导致我国专项债券存在定位不明晰、特定项目收入不够明确、信息披露不够详尽等问题。

针对上述情况，2017 年 5 月，财政部发布 62 号文，旨在加快按照地方政府性基金收入项目分类发行专项债券步伐。土地储备专项债成为地方专项债试点的先行者。62 号文件的出台不仅使得土地储备专项债券成为真正意义上的专项债券，而且在专项债券管理上进行诸多创新。

一是土地储备专项债券让地方政府专项债券定位更明晰。土地储备专项债券面世前，市场对于地方政府一般债券和专项债券的辨识度并不高，因为这两类只要求按发行与偿还主体均为省级政府，而其对于一般债券和专项债券的偿还责任没有任何差别。土地储备专项债券是我国首次以地方政府基金性收入项目分类发行的专项债券，明确了地方专项债应当与具体项目的资产与收益相对应，做到专款专用，使得市场能够对其风险有效识别，形成与一般债券不同的风险和收益特征。

二是土地储备专项债券对所对应的具体项目、专项收入来源，以及收入与融资的平衡有更明确要求。62号文规定，发行土地储备专项债券的土地储备项目应当有稳定的预期偿债资金来源，对应的政府性基金收入应当能够保障偿还债券本金和利息，实现项目收益和融资自求平衡；土地储备项目取得的土地出让收入，应当按照项目对应的土地储备专项债券余额统筹安排资金，专门用于偿还到期债券本金，不得通过其他项目对应的土地出让收入偿还到期债券本金。

三是土地储备专项债券在发行额度和期限、发行对象、项目管理、偿债条款等方面进行了创新。比如，土地储备专项债券发行期限最长不得超过5年，通过地方各级国土资源部门建立土地储备项目形成更严格的监管等等。

土地储备专项债到底由谁来发？怎么发？如何使用和管理？怎么偿还？基本操作流程如下：

1. 什么是土地储备专项债？

①地方政府转型债的一个品种。

②地方政府为土地储备发行。

③以项目对应并纳入政府性基金预算管理的国有土地使用权出让收入或国有土地收益基金偿还。

2. 土地储备专项债由谁来发？

①省、自治区、直辖市政府为土地储备专项债券的发行主体。

②经省级政府批准，计划单列市政府可以自办发行土地储备专项

债券。

③设区的市、自治州，县、自治县，不设区的市、市辖区级政府确需发行土地储备专项债券的，由省级政府统一发行并转贷给市县级政府。

3. 土地储备专项债发行和使用限制？

发行要求：

①土地储备项目应当有稳定的预期偿债资金来源，能够实现项目收益和融资自求平衡。

②土地储备专项债纳入地方政府专项债务限额管理。

使用限制：

土地储备专项债券资金由财政部门纳入政府性基金预算管理，并由纳入国土资源部名录的土地储备机构专项用于土地储备。

4. 土地储备专项债如何发行？

预算编制 – 报送

①县级以上地方各级土地储备机构应当根据土地市场情况和下一年度土地储备计划，编制下一年度土地储备项目收支计划，提出下一年度土地储备资金需求，报本级国土资源部门审核、财政部门复核，经本级政府批准后于每年 9 月底前报省级财政部门，抄送省级国土资源部门。

②省级财政部门会同本级国土资源部门汇总审核本地区下一年度土地储备专项债券需求，随同增加举借专项债务和安排公益性资本支出项目的建议，经省级政府批准后于每年 10 月底前报送财政部。

额度管理

①财政部在国务院批准的年度地方政府专项债务限额内，根据土地储备融资需求、土地出让收入状况等因素，确定年度全国土地储备专项债券总额度。

②各省、自治区、直辖市年度土地储备专项债券额度应当在国务院批准的分地区专项债务限额内安排，由财政部下达各省级财政部门，抄送国土资源部。

③省、自治区、直辖市年度土地储备专项债券额度不足或者不需使用的部分，由省级财政部门会同国土资源部门于每年8月底前向财政部提出申请。财政部可以在国务院批准的该地区专项债务限额内统筹调剂额度并予批复，抄送国土资源部。

预算编制－下达

①省级财政部门在财政部下达的本地区土地储备专项债券额度内，根据市县近三年土地出让收入情况、市县申报的土地储备项目融资需求、专项债务风险、项目期限、项目收益和融资平衡情况等因素，提出本地区年度土地储备专项债券额度分配方案，报省级政府批准后将分配市县的额度下达各市县级财政部门，并抄送省级国土资源部门。

②市县级财政部门应当在省级财政部门下达的土地储备专项债券额度内，会同本级国土资源部门提出具体项目安排建议，连同年度土地储备专项债券发行建议报省级财政部门备案，抄送省级国土资源部门。

③地方各级国土资源部门应当建立土地储备项目库，项目信息应当包括项目名称、地块区位、储备期限、项目投资计划、收益和融资平衡方案、预期土地出让收入等情况，并做好与地方政府债务管理系统的衔接；同时，加强对土地储备项目的管理和监督，保障储备土地按期上市供应，确保项目收益和融资平衡。

预算管理

①增加举借的土地储备专项债券收入应当列入政府性基金预算调整方案。包括：“（一）省级政府在财政部下达的年度土地储备专项债券额度内发行专项债券收入；（二）市县级政府收到的上级政府转贷土地储备专项债券收入。”

②增加举借土地储备专项债券安排的支出应当列入预算调整方案，包括本级支出和转贷下级支出。土地储备专项债券支出应当明确到具体项目，在地方政府债务管理系统中统计，纳入财政支出预算项目库管理。

③土地储备专项债券还本支出应当根据当年到期土地储备专项债券

规模、土地出让收入等因素合理预计、妥善安排，列入年度政府性基金预算草案。

④土地储备专项债券利息和发行费用应当根据土地储备专项债券规模、利率、费率等情况合理预计，列入政府性基金预算支出统筹安排。

⑤土地储备专项债券收入、支出、还本付息、发行费用应当按照《地方政府专项债务预算管理办法》（财预〔2016〕155号）规定列入相关预算科目。

预算执行与债券发行

①省级财政部门应当根据本级人大常委会批准的预算调整方案，结合市县级财政部门会同本级国土资源部门提出的年度土地储备专项债券发行建议，审核确定年度土地储备专项债券发行方案，明确债券发行时间、批次、规模、期限等事项。

②市县级财政部门应当会同本级国土资源部门、土地储备机构做好土地储备专项债券发行准备工作。

③地方各级国土资源部门、土地储备机构应当配合做好本地区土地储备专项债券发行准备工作，及时准确提供相关材料，配合做好信息披露、信用评级、土地资产评估等工作。

④土地储备专项债券应当遵循公开、公平、公正原则采取市场化方式发行，在银行间债券市场、证券交易所市场等交易场所发行和流通。

债券形式要求

①土地储备专项债券应当统一命名格式，冠以“××年××省、自治区、直辖市（本级或××市、县）土地储备专项债券（×期）——×年××省、自治区、直辖市政府专项债券（×期）”名称，具体由省级财政部门商省级国土资源部门确定。

②土地储备专项债券的发行和使用应当严格对应到项目。根据土地储备项目区位特点、实施期限等因素，土地储备专项债券可以对应单一项目发行，也可以对应同一地区多个项目集合发行，具体由市县级财政部门会

同本级国土资源部门、土地储备机构提出建议，报省级财政部门确定。

③土地储备专项债券期限应当与土地储备项目期限相适应，原则上不超过5年，具体由市县级财政部门会同本级国土资源部门、土地储备机构根据项目周期、债务管理要求等因素提出建议，报省级财政部门确定。

④鼓励地方政府通过结构化创新合理设计债券期限结构。

5. 土地储备专项债如何偿还？

债券本金、利息以及发行费用的偿还

①土地储备项目取得的土地出让收入，专门用于偿还到期债券本金，不得通过其他项目对应的土地出让收入偿还到期债券本金。

②省级财政部门应当按照合同约定，及时偿还土地储备专项债券到期本金、利息以及支付发行费用。

③市县级财政部门应当及时向省级财政部门缴纳本地区或本级应当承担的还本付息、发行费用等资金。

提前偿还

土地储备专项债券发行时，可以约定根据土地出让收入情况提前偿还债券本金的条款。

不能按期偿还

因储备土地未能按计划出让、土地出让收入暂时难以实现，不能偿还到期债券本金时，可在专项债务限额内发行土地储备专项债券周转偿还。项目收入是现货予以归还。

土地储备专项债强调土地储备项目与债券做到一一对应，且该土地储备项目的土地使用权出让收入和国有土地收益基金能够保障偿还债券本金和利息，实现项目的收益和融资自求平衡。

在土地储备专项债之后，地方政府收费公路债也开始进行试点。2017年7月，财政部联合交通运输部发布了《地方政府收费公路专项债券管理办法（试行）》（财预〔2017〕97号）（以下简称“《办法》”），地方政府收费公路专项债券正式落地，是以地方性基金收入项目分类发行的转向债券创新品种。

地方政府收费公路专项债券是属于地方政府专项债的一种，是指地方政府为发展政府收费公路举债，以项目对应并纳入政府性基金预算管理的车辆通行收费收入、专项收入偿还的地方政府专项债券。收费公路专项债券纳入地方政府专项债务限额管理。其收入、支出、还本、付息、发行费用等纳入政府性基金预算管理。

财政部在国务院批准的年度地方政府专项债务限额内，根据政府收费公路建设融资需求、纳入政府性基金预算管理的车辆通行费收入和专项收入状况等因素确定年度全国收费公路专项债券总额度。各省、自治区、直辖市年度收费公路转向债券额度在国务院批准的分地区专项债务限额内安排。

发行收费公路专项债券共有三大要求：

一是项目应该有稳定的预期偿债资金来源，对应的政府性基金收入应当能够保障偿还债券本金和利息，实现项目收益和融资自求平衡。对应的政府性基金收入包括车辆通行费收入、收费公路项目对应的广告收入、服务设施收入、收费公路权益转让收入等。除了根据省级财政部门规定支付必需的日常运转经营外，对应的政府性基金收入专门用于偿还收费公路专项债券本息。与土储专项债一样，收费公路专项债券的偿债资金来源限定于对应项目的收益，均要求实现项目收益和融资自求平衡。

二是专款专用，不能借新还旧。募集的资金不能用于非收费公路项目建设，不得用于经常性支出和公路养护支出。任何单位和个人不得截留、挤占和挪用收费公路专项债券资金，不得用于偿还存量债务。

三是期限最长不超过 15 年。收费公路专项打破了地方专项债 10 年的上限，目的是为了匹配收费公路项目的特殊性。收费公路专项债券发行时，可以约定根据车辆通行费收入情况提前或延迟偿还本金的条款。鼓励地方政府通过结构化创新合理设计债券期限结构。

在收费公路专项债以前，地方政府主要通过银行贷款筹集修路资金。“贷款修路”这一模式有其固有的弊端。一是某些地方政府贷款随意，导致债务规模越滚越大，加之银行贷款融资成本偏高，造成政府还贷付息压力过大。2016年，政府还贷公路利息支出为1278亿元，通行费收入为1811亿元，利息支出占收入的70.6%。如此一来，通行费收入都用来偿还利息，本金如何偿还就成了问题。

此外，地方政府收支缺口不断扩大。按照交通运输部发布的《2016年全国收费公路统计公报》，截至2016年末，我国收费公路里程17.11万公里，其中政府还贷公路里程10.05万公里，还贷公路累计投资额为3.8万亿元，其中银行贷款为2.6万亿元。尽管2016年收费总收入达到0.45万亿元，但由于支出规模更大，达到了0.87万亿元，造成收支缺口4000亿元。造成还贷公路收支缺口扩大的原因主要有：公路建设步伐过快、规划过于超前、建设标准脱离实际、贷款需求量快速增加，此外，也与公路建设资金筹集和使用无序、挪用和浪费现象严重、资金专款专用做得不好等也有关系。

未来政府收费公路将按照“发多少债、修多少路”的方式发展，由此可以合理控制债务规模，防止债务风险。由于发行“公路债”可以降低融资成本，减轻了还债压力，同时也降低了收费公路的投资门槛，中小投资者参与收费公路建设并从中获得收益，也有利于将收费公路纳入法治化、规范化轨道。

实践证明，专项债能够成为地方政府融资难的“突破口”，并获得资本的热烈追捧。2017年10月，河北省延崇高速公路首期专项债券20亿元在深圳证券交易所成功发行，河北省成为全国首个在深交所发行政府收费公路专项债券的省份。此次省本级收费公路专项债券期限为7年，募集资金用于延庆至崇礼高速公路河北段项目建设。经过各大金融机构的认购后，延崇高速公路河北段收费公路专项债券投标认购总面额达93.3亿元，为实际发行额度20亿元的4.6倍。

继土地储备专项债和收费公路专项债之后，备受关注的中国版“市政收益债”浮出水面。财政部印发了《关于试点发展项目收益与融资自求平衡的地方政府专项债券品种的通知》（以下简称 89 号文）。89 号文明确，在法定专项债务限额内，鼓励地方试点发展项目收益专项债券。与普通专项债的还款资金来源对应政府性基金收入不同，项目收益专项债券严格对应项目发行，还款资金也由对应的项目进行支付，实行“封闭”运行管理。同时项目收益债在规模管理、项目要求、发行方式、信息披露等方面也较普通专项债规定更为细致严格，增加了地方政府债券信息透明度，有利于规范地方政府的举债融资机制。

2018 年 4 月，财政部、住房城乡建设部联合发布《试点发行地方政府棚户区改造专项债券管理办法》（以下简称《办法》），确定试点发行地方政府棚户区改造专项债券，地方债再开“前门”。棚户区改造是更好解决群众住房问题的重要举措。2018 年《政府工作报告》指出，5 年来，棚户区住房改造 2600 多万套。《办法》明确，棚户区改造是指纳入国家棚户区改造计划，依法实施棚户区征收拆迁、居民补偿安置，以及相应地腾空土地开发利用等的系统性工程，包括城镇棚户区（含城中村、城市危房）、国有工矿（含煤矿）棚户区、国有林区（场）棚户区和危旧房、国有垦区危房改造项目等。棚改需要资金量较大，以 2017 年为例，据统计，当年全国各类棚户区改造开工 609 万套，完成投资 1.84 万亿元。为此，融资问题关系棚户区改造能否顺利推进。

财政部认为，全面贯彻落实中央经济工作会议、政府工作报告有关要求，推进专项债券管理改革，一是完善专项债券管理，在严格将专项债券发行与项目一一对应的基础上，加快实现债券资金使用与项目管理、偿债责任相匹配，以及债券期限与项目期限相匹配；二是扩大项目收益专项债券试点范围。据了解，2017 年专项债券额度为 8000 亿，2018 年政府工作报告提出安排地方专项债券 1.35 万亿元，比去年增加 5500 亿元，优先支持在建项目平稳建设，合理扩大专项债券使用范围。

表 3-2　我国专项债券体系

	土地储备专项债	收费公路专项债	项目收益专项债	棚改专项债
相关发文	财预〔2017〕62 号文	财预〔2017〕97 号文	财预〔2017〕89 号文	财预〔2018〕28 号
日期	2017.5.16	2017.6.26	2017.6.2（7.24 公开）	2018.3.1（4.3 公开）
资金用途	为土地储备举借、使用、偿还债务	为政府收费公路发展举借、使用、偿还债务	保障重点领域合理融资需求	规范棚户区改造融资行为
还款来源	土地出让收入，包括：以项目对应并纳入政府性基金预算管理的国有土地使用权出让收入或国有土地收益基金收入	项目对应并纳入政府性基金预算管理的车辆通行费收入、专项收入。专项收入包括政府收费公路项目对应的广告收入、服务设施收入、收费公路	专项债券对应的项目取得的基金或专项收入	以项目对应并纳入政府性基金预算管理的国有土地使用权出让收入、专项收入 专项收入包括属于政府的棚改项目配套商业设施销售、租赁收入以及其他收入
期限要求	应当与土地储备项目期限相适应，原则上不超 5 年	与政府收费公路收费期限相适应，原则上单次发行不超 15 年	89 号文无明确规定	原则上不超过 15 年，可根据项目实际适当延长，避免期限错配风险
额度限制	应当在国务院批准的分地区专项债务限额内安排	应当在国务院批准的分地区专项债务限额内安排	应当在国务院批准的本地区专项债务限额内统筹安排，包括当年新增专项债务限额、上年末专项债务余额低于限额的部分	应当在国务院批准的分地区专项债务限额内安排
项目要求	√土地储备项目应有稳定的预期偿债资金来源 √对应政府基金收入应能保障偿还债券和利息 √项目收益和融资自求	√政府收费公路项目应的有稳定的预期偿债资金来源 √对应的政府性基金收入应能保障还债券本金和利息 √项目收益和融资自求平衡	√能够产生持续稳定的反映为政府性基金收入或专项金流收入 √现金流收入应能完全覆盖专项债券还本付息的规模	√应当有稳定的预期偿债资金来源 √对应的纳入政府基金的国有土地使用权出让收入、专项收入应当能够保障偿还债券本金和利息 √实现项目收益和融资自求平衡。

续表

	土地储备专项债	收费公路专项债	项目收益专项债	棚改专项债
债券设计	鼓励地方政府通过结构化创新合理设计债券期限结构	鼓励地方政府通过结构化创新合理设计债券期限结构	无明确限定	鼓励地方政府通过结构化设计合理确定债券期限。
特殊条款	可以约定提前偿还债券本金的条款	可约定根据车辆通行费收入情况提前/延迟偿还债券本金的条款		可以约定根据项目收入情况提前偿还债券本金的条款
周转偿还	可在专项债务限额内发行 土地储备专项债券周转偿还	无明确限定	可在专项债务限额内发行 土地储备专项债券周转偿还	可在专项债务限额内发行 棚改专项债券周转偿还

制表：金融监管研究院整理。

化解地方债另三个“选项”

选项一：PPP（TOT、ROT）

国务院总理李克强主持国务院常务会议曾指出，对于化解政府存量债务，要求拿出更多优质资产，通过政府与社会资本合作模式引入各类投资，回收资金继续用于新的基础设施和公用事业建设，实现良性循环。这其实是国务院再次力推PPP模式下的TOT、ROT，并当作化解地方政府性债务风险和实现地方融资平台公司存量公共服务项目转型的适用“工具”。

TOT，Transfer-Operate-Transfer（转让－运营－移交），是指政府将存量资产所有权有偿转让给社会资本或项目公司，并由其负责运营、维护和用户服务，合同期满后资产及其所有权等移交给政府的项目运作方式。合同期限一般为 20–30 年。

ROT，Rehabilitate–Operate–Transfer（改建 – 运营 – 移交），是指政府在 TOT 模式的基础上，增加改扩建内容的项目运作方式。合同期限一般为 20–30 年。

国家发改委发布《关于加快运用 PPP 模式盘活基础设施存量资产有关工作的通知》（发改投资〔2017〕1266 号，下文简称《通知》）明确提出，“积极推广 PPP 模式，加大存量基础设施盘活力度、形成良性投资循环，有利于拓宽基础设施建设资金来源，减轻地方政府债务负担”。《通知》为地方政府和在建项目的融资开辟了一条新的渠道，通俗地讲，就是鼓励地方政府通过 PPP 模式向社会资本出售优质基建项目的股权、经营权、收益权等权利。这一方面，是为了“疏堵结合”地规范地方政府融资；另一方面，是为了防止“半拉子”工程的大量出现。

具体而言，《通知》给出了以下三种操作方式：

其一，“对拟采取 PPP 模式的存量基础设施项目，根据项目特点和具体情况，可通过转让 – 运营 – 移交（TOT）、改建 – 运营 – 移交（ROT）、转让 – 拥有 – 运营（TOO）、委托运营、股权合作等多种方式，将项目的资产所有权、股权、经营权、收费权等转让给社会资本”。即，原本由政府负责运营的（非 PPP）存量项目可以改用 PPP 模式，政府与社会方合作成立项目公司，其中，社会方投入资金，换取 PPP 项目公司的股权，而政府出让部分权利（资产所有权、股权、经营权、收费权等），获得资金。

其二，“对已经采取 PPP 模式且政府方在项目公司中占有股份的存量基础设施项目，可通过股权转让等方式，将政府方持有的股权部分或全部转让给项目的社会资本方或其他投资人”。也就是说，PPP 存量项目可以改变项目公司的股权，政府出让部分股权，获得资金。

其三，“对在建的基础设施项目，也可积极探索推进 PPP 模式，引入社会资本负责项目的投资、建设、运营和管理，减少项目前期推进困难等障碍，更好地吸引社会资本特别是民间资本进入”。在地方政府融资全面规范的背景下，部分在建（非 PPP）项目或面临资金接续的困难，鼓励这些项目采用 PPP 模式是为其后续融资开口子。

其实，早在 PPP 之初，国办发〔2015〕42 号《关于在公共服务领域推广政府和社会资本合作模式指导意见》中即要求：化解地方政府性债务风险。积极运用转让—运营—移交（TOT）、改建—运营—移交（ROT）等方式，将融资平台公司存量公共服务项目转型为政府和社会资本合作项目，引入社会资本参与改造和运营，在征得债权人同意的前提下，将政府性债务转换为非政府性债务，减轻地方政府的债务压力，腾出资金用于重点民生项目建设。而在 2015 年 2 月 13 日，财政部财建〔2015〕29 号《关于市政公用领域开展政府和社会资本合作项目推介工作的通知》中也提出：为缓解地方债务风险，当前重点推进符合条件的存量项目按 PPP 模式改造。对地方政府自建自管的存量项目，可优先考虑按照 PPP 模式转型；对企业已是投资运营主体的存量项目，可按照 PPP 模式改造。TOT 模式对于盘活政府存量资产、促进政府转型、促进民间投资有较大意义，得到国家层面力推。由于是存量项目，完工风险和市场风险小，也符合银行的风险偏好。

典型案例

南京长江第二大桥 TOT 模式

南京长江第二大桥是国家“九五”重点建设项目，全长 21.337 公里，由“二桥一路”和南北引线组成。南京长江二桥 PPP 项目采用的是

TOT 模式（转让—运营—转让）。

该项目运作的最大亮点在于，通过公开竞争方式引入的社会资本，不仅有效解决了政府存量债务问题，还从根本上解决了二桥公司在运营和管理上的政企不分、效率低下问题。2004 年，南京市政府授权南京市交通局作为该 PPP 项目的实施主体，通过 TOT 模式，将南京长江二桥特许经营权转让给了由深圳中海投资有限公司（65%）和南京交通投资（控股）集团有限公司（35%）合资成立的南京长江二桥有限公司。

深圳中海投资有限公司作为中国海外集团（香港公司）在深圳成立的子公司，专门从事高速公路收费和投资运营。政府和投资方是将原有债务和人员进行处置基础上，成立了新的二桥合资公司。南京市政府通过特许经营协议授予新的二桥公司 26 年的特许经营权，并成功利用 TOT 模式对已经建成的南京长江二桥公司股权进行了转让。中海投资作为社会资本进入后，不仅缓解了政府偿债压力，还带来了先进的经营、管理理念，提高了道路桥梁经营效益，也改善了服务质量和公众满意度。

显然，从上述案例可以看出采取 TOT 模式有如下优势：

1. 盘活城市基础设施存量资产，开辟经营城市新途径。通过几十年的城市建设，城市基础设施中部分经营性资产的融资功能一直闲置，没有得到充分利用，甚至出现资产沉淀现象。如何盘活这部分存量资产，以发挥其最大的社会和经济效益，是每个城市经营者必须面对的问题。TOT 模式正是针对这种现象设计的一种经营模式。

2. 增加了社会投资总量，以基础行业发展带动相关产业的发展，促进整个社会经济稳步增长。TOT 模式的实施，盘活了城市基础设施存量资产，同时也引导更多的社会资金投向城市基础设施建设，从“投资”角度拉动了整个相关产业迅速发展，促进社会经济平稳增长。

3. 促进社会资源的合理配置，提高了资源使用效率。引入 TOT 模式后，由于市场竞争机制的作用，给所有基础设施经营单位增加了无形压力，促使其改善管理、提高生产效率。同时，一般介入 TOT 项目融资的经营单位，都是一些专业性的公司，在接手项目经营权后，能充分发挥专业分工的优势，利用其成功的管理经验，使项目资源的使用效率和经济效益迅速提高。

4. 促使政府转变观念和转变职能。实行 TOT 模式后，首先，政府可以真正体会到“经营城市”不仅仅是一句口号，更重要的是一项严谨、细致、科学的工作；其次，政府对增加城市基础设施投入增添了一项新的融资方法。政府决策思维模式将不仅紧盯“增量投入”，而且时刻注意到“存量盘活”；再次，基础设施引入社会其他经营主体后，政府可以真正履行“裁判员”角色，把工作重点放在加强对城市建设规划，引导社会资金投入方向，更好地服务企业，监督企业经济行为等方面工作上来。

选项二：出售国资

对于一些地方国有企业，如果自己运行效率不佳，而且市场有人愿意进入，正好可以引进社会资本，通过资产交易、合作等方式，把民营资本引进来，这有利于搞活地方国企，也可以把政府的资金置换出来。这种做法既能缓解地方债务压力，也能通过新的投资增加地方政府财力。正常情况下，地方政府可以采取借新还旧的方式缓解偿债压力。但是一旦社会整体流动性收缩，借债难度加大，地方政府无法借新还旧之后就可能产生流动性危机。在借新还旧无法持续的情况下，地方政府或采取出售国有资产等方式还债。

据媒体报道，在 2015 年博鳌亚洲论坛关于地方债的分论坛上，主持人问时任财政部部长楼继伟，为何中央不会为地方债兜底。楼部长回答说，“中国地方政府手里资产太多，不会破产，当地方政府还不上债时，可出售资产还债”。强调出售地方国有资产的重要性在于，地方政府长期大量低效甚至无效配置财政货币资源，是中国经济增长质量低下的重要根源。地方政府以 10%以上的成本举债，其所投向的项目不足以产生覆盖债务成本的收益。

通过国有股权转让化解政府债务的前提是，地方政府持有足够有价值的国资股权并且制度环境允许。中国人民银行研究局前首席经济学家马骏在《中国公共预算面临的最大挑战：财政可持续》一文中提到，由于每年收支压力将会越来越大，各级政府可分批逐步出售国有企业股份。这既可筹集资金化解债务，例如地方政府债务和养老金的债务，也可推进经济体制改革。

财政部出台的《关于对地方政府债务实行限额管理的实施意见》明确对地方政府债务余额实行限额管理，并提出建立健全地方政府债务风险防控机制和妥善处理存量债务。《意见》还表示，对甄别后纳入预算管理的地方政府存量债务，属于公益性项目债务的，由地方政府统筹安排包括债券资金在内的预算资金偿还，必要时可以处置政府资产。

据了解，通过转让国资股权化解债务的先例在国际上亦有发生。20世纪70年代末，英国为了减轻政府的财政负担，对国有资产进行出售。这场被称为私有化浪潮的变革主要分为三个阶段：出售市场经济模式商业化运作的公司，然后出售自然垄断性质的公共事业部门，最后出售依赖政府补贴的公司。

由于各级政府所拥有的国有资产规模差异很大，因此，偿还债务压力较大的地方政府未必拥有充裕的国有资产。

典型案例

欧洲国家发起资产“大拍卖”还债

据新加坡《联合早报》报道，受债务危机拖累，钱不够用使欧洲大陆掀起一股“大拍卖”热潮。英国、希腊和西班牙等十多个国家纷纷求售或出租国家资产，以求迅速摆脱债务深渊。这些脱售的资产包括国营能源公司、航空或地铁服务、航空母舰和战斗机等军备。

报道援引英国《独立报》分析文章指出，大欧洲地区出现的这种“大拍卖”是前所未见的惨况。深陷债务危机的希腊为筹措 500 亿欧元（约合人民币 4163.48 亿元）的经费，几乎将所有政府资产求售或出租，包括雅典国际机场和其他 38 座机场、国营石油、邮政银行以及公路等，甚至连阳光也想卖。据称该国正与德国洽谈出口太阳能。

英国打算把政府所持有的国家空中交通服务公司的 49% 股份套现，伦敦特拉法广场旁边的地标建筑“海军拱门”（Admiralty Arch）以约 1.2 亿美元求售，可能转型成酒店。英国国防部和外交部也纷纷脱售航母及驻外大使馆的资产，以填补财政不足的款额。

法国这几年不断卖出官方房地产，单在 2010 年就卖出 1700 个房产，以减少几十亿欧元的国债。

爱尔兰也考虑出售几十亿欧元资产套现，从首都都柏林的历史港口到著名的国家养马场都要变卖。

西班牙本想出售出名的超级大彩“大胖子”（El Gordo）的部分股份，但因市场价值太低而作罢，然而债务缠身的政府仍打算出售马德里的部分资产，首都的地铁也可能被卖掉。

葡萄牙以 5.92 亿欧元把国家能源公司的股权分别卖给中国公司和阿曼石油公司；荷兰国防部把 18 架 F-16 战斗机售卖给智利，也计划出售几艘海军战舰，作为国家节约 10 亿欧元的一部分。

报道还称，现在行情不好，在僧多粥少的情况下，欧洲国家的资产必会被市场压低价格。比如希腊至今拍卖所得只有 1.8 亿欧元，只是 500 亿欧元目标的 0.36%。

选项三：资产证券化

资产证券化是基础设施领域重要融资方式之一，对盘活存量资产、加快社会投资者的资金回收、吸引更多社会资本参与基础设施项目建设具有重要意义。中国经济进入新常态，在经济发展持续下行压力加大的背景下，"存量资产证券化"的发展路径是一个可行的选择，将政府的一部分存量资产变现会极大促进各级政府的改革进程，缓解地方政府巨大的支出压力和债务压力。按照资产化的设计原理，只要有未来稳定现金流的资产均可证券化。

目前，国内的地方债主要用于地方融资平台的市政建设项目等公益性基础设施建设，而这些市政建设项目的回收期较长，但大部分有共同的特点：通过政府回购或隐性补贴的形式实现未来收益以覆盖建设成本。因此，将优良的市政建设项目资产证券化是解决地方债的一条途径，而且国内已有先例，如2006年发行的江苏吴中集团BT项目回购款资产管理计划，以及南京城建污水处理收费资产支持受益凭证一期和二期。笔者认为，将优质市政建设项目资产证券化至少有以下好处：首先，资产证券化能够较好地解决地方融资平台公司资产现金流和债务不相匹配的问题。其次，资产证券化融资具有较强的针对性，可根据不同风险资产设计个性化的融资方案。最后，资产证券化能够分散银行体系的风险，帮助银行分担流动性管理和支持实体经济发展的压力。

当然，按照目前我国实际情况，大规模推进政府债务资产证券化还存在一定的困难，发行制度层面和投资者引入方面都需要进行多方面的改进。比如，政府债务不够透明、外部评级、风险监管等问题。笔者认为，尝试实行下列几项措施有助于市政建设项目资产证券化的开展。

一是产品尽量标准化，有利于深度研究。资产证券化产品设计灵活，个性化强。为匹配项目现金流情况，目前大多数产品的期限多样，有短期和长期之分，短期的限于几个月，长期的也有几年，但期限月份和年份不统一，导致缺乏可比性，存在定价难题。

二是中介机构归位尽责，对基础资产现金流情况切实监管。由于资产证券化的偿还保障取决于基础资产的未来现金流实现程度，基础资产已实现真实出售，与发行主体法律上无关联。因此，资产证券化的中介机构承销商、律师、评级和会计应切实负起责任，保证资产证券化产品投资人的合法权益。

三是市政建设项目资产证券化进入地方预算，使地方债务阳光透明。市政建设项目资产证券化尽管与发行主体分开，但基础资产现金流取决于地方政府的实际支付能力。而且，市政建设项目资产证券化募集资金也用于地方政府市政建设，属于地方债的新品种，也是在特定时期对现存地方债的替代。市政建设项目资产证券化进入地方预算并公开，一方面可以约束地方政府的融资冲动，另一方面也有助于投资者判断产品的真实偿债能力，并根据真实偿债能力对产品进行市场定价，间接约束地方政府的投资冲动。

典型案例

莞深高速公路收费收益权专项资产管理计划

莞深高速公路位于经济发达的广东省东莞市，是全国第一条由地级市自筹资金、自行设计，自行组织建设的高速公路，也是东莞有史以来最大的交通基础设施建设项目，一、二期项目全长为39.551公里，随着区域经济的稳定增长、路网建设等原因，莞深高速公路通行费收入呈现逐年稳定增长的趋势。

莞深高速项目是2005年底在深交所发行的证券化项目，募集规模为5.8亿，预期收益率为3.0%–3.5%。该专项资产管理计划的基础资产是东莞控股所有的莞深高速（一、二期）公路收费权中自专项计划成立之次日起18个月合计为人民币6亿元的收益权。

从车辆通行费的历史情况来看，高速公路建成以来每年的通行费有上升的趋势，18个月的通行费收入预计在6.5亿元左右，募集资金到期偿还的本息总额为6亿元，能够覆盖募集资金的本息总额，并且提供了足够的安全垫。

因该专项计划在深交所上市，因此交易结构采用了证监会的标准结构，由广发证券作为计划管理人，工商银行为托管行及担保机构。

从上述案例可以看出，收费公路作为自身能够产生现金流的资产，具有定价权以及区域垄断性，因此项目的现金流可测性和稳定性都很高。有关资料显示了东莞控股（莞深高速为其主要运营资产）2005年至2011年的营收情况，截至2009年标的资产6个月的收费收入平均为2.3亿元，在2008年有较大降幅，但仍然达到了2.1亿元。由此可见，高速公路收费权是理想的资产证券化标的，其低风险的收益特征可以获得更高的评级以降低融资成本。

由于该计划仅以莞深高速18个月的收费权作为专项资产，可以看出本次专项计划的发行目的是调整债务结构，在相关上市公司的公开资料中可以发现，成立该专项资产管理计划是为了后续重组及融资进行的短期调整。

国际经验及启示

对于地方债务化解应该包括两个方面，一是对未来地方债务增量的事前风险控制，二是对现有地方债务存量的顺利偿还。目前，各级地方政府要“守住不发生区域性和系统性风险的底线”，需要认真研究探讨。对于现有地方债务存量如何化解，实践中也缺乏案例，有必要借鉴国外化解地方政府债务的主要经验，探索我国地方债务化解的有效路径。

1. 美国地方政府债务化解主要措施

事前，通过建立风险预警机制、完善信用评级体系、加强信息披露和公开等方式构建完善的地方政府债务风险防范体系。

事中，允许地方政府破产，通过完备的破产重组程序和法律法规对无力偿还债务的地方政府进行破产重组，保全债权人利益同时，使地方政府在减轻债务的同时，也能达到维持运营的目的。

事后，依据完善的法律法规和规范程序制定破产恢复计划，进行合理有序的债务重组，采取一系列恢复措施以走出危机。

2. 澳大利亚地方政府债务化解主要措施

一是破产清算。建立一套地方政府因债务严重违约而申请破产和清算的程序，法院有权宣告地方政府破产，这是对地方政府的债权人合法权益的最后一道司法保护。同时，上级政府承担救助的法律责任，但这些责任实施的条件和程序都必须通过法律进行明确界定。

二是出售资产。通过私有化方法，将许多公有设施出售给私营部门，将公有资产变现收入用于偿还政府债务，并对借债的管理逐步改变为对偿债的管理。澳大利亚借款委员会的成立及其有效运作，为妥善处理不同级次政府之间分权管理关系，提供了一个可资借鉴的有用范例。

三是增加税收。通过增加税收筹集偿债资金还清债务。

3. 巴西地方政府债务化解主要措施

巴西曾经三次发生地方政府债务危机，与当前我国地方债问题相比，巴西地方政府债务危机发生的背景与我国当前情况有一定的相似性：①债务危机发生在经济转型期；②由于地方政府事权与财权不匹配的机制等因素，债务危机主要发生在地方政府层面而非中央政府层面；

③都属于政府主导型的经济增长模式。

巴西前两次债务危机均由联邦中央政府出面为地方政府债务“兜底”，但并未根本解决债务问题，第三次危机后，巴西不再停留于表面的债务兜底和重组，而是进行了有效的深度改革：一方面，通过立法建立地方政府财政纪律，防范道德风险，如对地方政府举债进行限制，提高政府债务的信息透明度，对相关责任人进行问责，等等；另一方面，开源节流，推进国有企业改革，减少政府支出。推行国有企业私有化，提高经济活力减轻政府财政负担；规定公共部门雇员退休的最低年龄，取消公共部门员工在年金方面的特权。

从系统的角度来看，债务管理权责的划分与其他财政权责的划分是一个有机的整体，债务管理权限划分的调整甚至改革必须辅之以其他财权的相应调整。同时地方政府债务管理具体模式也受到经济、管理文化等因素的影响和制约。

针对我国实际情况，笔者根据观察及实践提出化解地方政府债务如下政策建议：

1. 建立健全财权与事权匹配的财税体制；

2. 进一步提高债务管理的规范化和透明度；

3. 加大对高风险地区的约束和惩罚力度；

4. 通过 PPP、资产证券化、债转股等金融创新化解地方政府债务。

典型案例

美国加州橙县财政破产对地方政府债务化解的启示

橙县是美国的一个县，位于加利福尼亚州南部，因盛产柑橘而得名，是加州人口第二大县，也是加州最富有的地方，著名的迪斯尼乐园就坐落在该县。当时，全县 GDP 达 1180 亿美元，人均收入 7 万美元。可就是这样一个富裕的县，却在 1994 年 12 月不得不宣布财政破产。导致橙县政府破产的原因在于，主管县财政税收和公共存款的部门把政府的资金投入华尔街的债券市场，结果投资失利，造成橙县财政损失 17 亿美元，超出了政府财政的承受能力，橙县政府只好宣布破产。

事实上，在宣告破产以前，橙县政府曾经努力寻求过州政府和联邦政府的支持，但州政府认为，如果州政府对这种管理不善的后果给予救助，那就开创了一个不好的先例，其他的市政当局会因此而没有动力去加强自己的财政管理。橙县政府只好硬着头皮采取“自我救赎”办法：一是市政当局解雇了一部分公务员。公务员一共有 17000 人，裁员 12%，裁减 2000 多人；二是压缩固定资产投资和削减公共服务项目；三是关闭城市娱乐中心，减少对公园的维护、垃圾清理，卖掉所有的工厂等；四是县政府和债务人进行谈判，请求延长还债期限，承诺以橙县未来的税收偿还债务。总之，就像绝大多数破产的公司或者个人一样，橙县政府被迫痛苦地缩减开支，官员和民众都付出了代价。8 个月后，橘县结束了危机状态，脱离破产，政府工作逐步恢复正常。

尽管我国在中央地方关系、财税制度、政府运营等方面与美国有本质区别，但是橙县破产对我国地方政府债务化解仍然具有一定启示：

1. 多渠道拓宽政府财源。大力发展实体经济，探索利用预算外资金缓解地方政府的资金压力。探索资产证券化及引进民间资本，拓宽地方政府融资渠道。

2. 加强地方预算硬约束。通过立法明确地方政府的债务上限，并要求地方政府提供全口径财务报告和保证透明度，是市场经济国家硬化地方政府预算约束的法律基础。

3. 规范地方政府举债行为。地方政府举债一律采取在国务院批准的限额内发行地方政府债券方式，除此以外地方政府及其所属部门不得以任何方式举借债务。允许地方政府结合财力可能构建市场化运作的融资担保体系，鼓励政府出资的担保公司依法依规提供融资担保服务。

4. 严格执行地方政府中期财政规划。如连续2–3年超出原定目标，中央政府可截留相应的税收返还和转移支付，调整地方政府过度融资行为，回到原有中期规划轨道。

5. 健全地方政府债务监督机制。完善地方政府债务的信息披露制度，定期向社会公众通报债务的借、用、偿情况。将地方政府债务纳入预算，由当地人大审查批准。加强审计部门的监督职能，及时发现问题并督促整改。

6. 建立债务问责制度。把政府性债务作为一个硬指标纳入政绩考核，纠正不正确的政绩导向。对脱离实际过度举债、违法违规举债或担保、违规使用债务资金、恶意逃废债务等行为，要追究党政主要负责人责任并进行处罚。

7. 探索地方政府财政破产制度。建立“地方政府财政破产”机制最大的意义在于明确政府决策责任的分级模式，让责任模式回归到“谁借谁还”的风险承担的范畴之内，倒逼各级政府在举债谋发展时，必须明确有多大财力制定多大的发展目标。这种把发展目标确定在财力允许的范围内的“量体裁衣”，会有助于推动城市化的可持续发展。

延伸阅读：严控隐性债务

化解地方债务风险重在加强隐性债务管控
——访中财－鹏元地方财政投融资研究所执行所长温来成

王丽娟

近日，财政部印发《关于做好2018年地方政府债务管理工作的通知》（以下简称《通知》），要求依法规范地方政府债务限额管理和预算管理，及时完成存量地方政府债务置换工作，加强债务风险监测和防范，强化地方政府债券管理。

2017年全国金融工作会议指出，地方政府举债行为不断扩大导致的财政金融风险已经成为当前经济运行中主要的风险之一，必须下大力气化解。那么，我国目前地方政府债务风险是否可控？加强地方债务管理的主要抓手是什么？治理地方隐性债务应该在哪些方面加强管理？针对上述问题，中国经济时报记者专访了中财—鹏元地方财政投融资研究所执行所长温来成。

以预算法为抓手加大惩罚力度

中国经济时报：对我国目前地方债务的现状如何看待？

温来成：当前地方债务总体上还处于可控范围内。但地方政府债务目前暴露出来的问题比较多，风险也在继续蔓延，特别是对于隐形债务问题，比如由投融资平台的债务、PPP 项目发展不规范引发的问题等近几年都有所增加。

因此，对于地方债务问题还要高度重视，今后三年内还是要把地方政府债务风险和其他金融风险一起作为风险防范的首要任务去做。

中国经济时报：《通知》提出依法规范地方政府债务限额管理和预算管理，你认为，我国目前对地方债务管理的主要抓手是什么？

温来成：目前债务管理的主要抓手就是要严格执行《预算法》。新修订的《预算法》对地方政府违规举债作出了明确规定，对于主要责任人给予开除、撤职等非常严厉的处分手段。而这些处罚措施在市场上产生了明显的反应，比如对地方政府债券的发行产生了较大影响。

如果按照 2017 年全国人大核定的数额，地方政府债务限额应该为 18 万亿元，而实际上最后发行的地方政府债务余额是 16 万亿元，减少了 2 万亿元的发行量。这是因为一些债务量比较大的地方政府在财政部不断加强财务管理、推行严厉的问责制后，开始自主抑制当地债务。再加上 2017 年资本市场上出现了政府债券利率上升的现象，地方政府考虑到还本付息的压力，主动抑制了发债的冲动。

此外，从数据上来看，尽管地方投融资平台的债务是在增长，但是与前两年投融资平台债务的大幅度增长相比，增长速度开始放缓。这些现象都证明以《预算法》为主要抓手对相关人员进行处罚的措施，在整个地方政府债务管理过程中显现出了明显的效果。

年内债务置换实际发行数额将会降低

中国经济时报：2018 年是地方政府债务置换的收官之年，《通知》提出要及时完成存量地方政府债务置换工作。你对今年地方政府债务置换工作有何看法？

温来成：地方政府债务置换是一种调整地方政府债务余额、减轻债务压力、降低债务风险的有效措施。2018年按计划债券置换工作要全部完成，从目前整个债券市场发展的情况来看，2017年已经置换完十多万亿元，剩下的数额已经不多，2018年的额度比较充足，任务肯定能够完成。

2018年和以往年相比，专项债券的发行额度增加较多。考虑到目前的形势和各地区的债务状况，2018年很可能会出现2017年的情况——实际发行数额比规定额度略有降低。这是因为各地方政府已经考虑到本地区的债务情况，不一定会把2018年的额度全部用完，特别是有些地方已经开始提前偿还一些债务。这也再次证明对地方政府债务管控和防范风险蔓延政策的实际效果已经开始显现。

从整体上来说，思路还是开“前门”堵“后门”，既要开好“前门”，稳步推进政府债务管理改革，强化政府债券资金绩效管理，提高政府债券资金使用效益，发挥政府规范举债的积极作用，支持补齐民生领域短板，又要严堵“后门”，守住国家法律“红线”，坚守财政承受能力底线，加大财政约束力度，硬化预算约束，坚决制止和查处各类违法违规或变相举债行为，促进经济社会健康持续发展。

加快隐性债务治理步伐重点放在三个方面

中国经济时报：你认为治理地方隐性债务应该在哪些方面加强管理?

温来成：从今后加强地方政府债务管理的总体思路来说，还是要扩大正规的地方政府债券发行，满足地方社会发展的需要，同时要加快隐性债务治理的步伐，特别是在三个方面要加强管控。

一是在投融资平台方面。尽管2015年以后财政部对于平台的债务进行了甄别，从法律制度上来讲，已经切断了平台和地方财政之间的关系，但实际上投融资平台的转型发展需要一个过程。从目前的情况来看，转型还比较缓慢。而且这种过渡期越长对地方政府的财政健康运行风险越大，因此要加快投融资平台的转型。从目前我国经济社会发展的需要来讲，大多数的投融资建设平台都应该撤销，只需适当保留少数有能力的投融资平台公司，而且这些公司也最好走一般国有企业的道路，面向市场，自主经营，照章纳税，自负盈亏。

二是在PPP方面。按照现代财政制度的规定，PPP项目中政府所作出的承诺不是地方政府债务，但是从地方财政支出的角度来分析，政府必须按照合同到期支付对社会资本方承诺的有关补贴，如果违约会对地方政府的信誉和社会发展带来一系列消极的影响，这与地方政府债务带来的影响是相似的。特别是有些PPP项目有着长达二三十年的期限，如果盲目上很多项目，将会对二三十年之后的财政运行埋下了很大的隐患。因此，切忌盲目扩张，不能把PPP项目作为地方保经济增长，甚至作为地方政府官员搞政绩的手段。

三是在政府投资基金方面。政府投资基金也要按照市场经济的原则去发展，不能答应给社会资本固定收益回报、弥补亏损、回扣等条件，否则又成了变相举债，一定要对这些隐性债务加强管控。

（原载《中国经济时报》，2018年3月28日）

第四章

城投转身

2008 年以来，地方政府通过融资平台大规模举债，导致地方政府债务规模快速增长，地方政府债务风险和财政风险也迅速积累。但自 2010 年开始，中央政府对地方政府投融资平台的态度由鼓励转向了防控风险，政策开始收紧，中央开始防范融资平台举债规模的过度膨胀带来的地方债务风险。

遭遇困境

2010 年 6 月，国务院发布《国务院关于加强地方政府融资平台公司管理有关问题的通知》，旨在彻底摸清地方平台公司的信贷规模，控制地方政府债务风险。这次排查拉开了规范地方融资平台的序幕（见表 4–1）。

2011 年 10 月，财政部下发通知，允许深圳、广东、浙江和上海的地方政府可以在获得国家审批额度后发行地方市政债，试图通过市政债来改变主要依靠平台公司融资的现状，降低平台公司的债务风险。

2012 年 3 月，银监会召开了“地方政府融资平台贷款风险监管工作会议”，会议强调，要不断加强地方投融资平台贷款的风险监管，深入推进地方平台公司贷款的清理和规范工作，明确规定包括银行、信托公司、证券公司、金融租赁公司等金融机构，都不可以新增平台公司的贷款额度，严格把控平台公司的贷款规模。这段时期，对于平台公司的规范治理思路愈渐清晰。

2014 年 8 月，第十二届全国人民代表大会常务委员会第十次会议，通过了关于修改《预算法》的决定，明确规定自 2015 年 1 月 1 日起，地方政府可通过自行发行债券筹集经济建设的部分资金。

2014 年 10 月，国务院又颁发了《关于加强地方债务管理的意见》，进一步明确了地方政府的债务只能通过地方政府部门举债，不得通过企业或者事业单位筹措。2014 年 12 月，财政部又颁布了《地方政府存量债务纳入预算管理清理甄别办法》，确定了将地方融资平台存量债务转化为政府债务的原则和方案。

其中最重要的时间节点是 2014 年的新预算法和 43 号文。新预算法开启了地方直接发行地方债的时代，使得地方政府有了融资平台之外的融资渠道，43 号文剥离了融资平台和地方政府的依赖关系，逐步剥离城投平台的融资功能。

2016 年底至 2017 年，中央对地方债务风险的防控提到了前所未有的高度。2016 年年底召开的中央经济工作会议确定了 2017 年的经济工作思路是防风险为主，而防风险主要围绕金融防风险和地方债务监管两方面展开。

2017 年 5 月，财政部等六部委发布 50 号文，对政府和平台的关系做出更为严格的规定，如严禁把公益性资产、储备土地等注入融资平台，不得将土地预期收入作为融资平台还款来源，这相当于切断了平台融资模式的循环链条。

50 号文最突出的一点，在于加强了对参与地方政府违规举债的单位和个人的联合惩戒。除了地方政府和它的部门、城投公司外，还包括金融机构、中介机构和法律服务机构等都会受到惩罚。财政部在 50 号文发布前后点名通报了几起地方政府对融资平台违规担保的案例，西南地区的某财政局局长因为提供协调偿还辖区内某城投公司债务的承诺函、通过融资租赁方式举债而被免职。

加强监管的背景下，被点名的地方政府纷纷撤函、整改，甚至出现了一波“撤函潮”，也引发了众人的关注。如湖南宁乡市下发《关于融资担保函作废的声明》，宣布所有担保函作废。

在 2017 年 7 月召开的全国金融工作会议上，对地方政府违规举债的问责进一步上升到“终身问责，责任倒查”，融资平台的生存环境可谓达到了最艰难的地步。

表 4-1　2010 年之后融资平台相关政策

时间	文件简称	文件全称	重点内容	意义
2010 年 6 月	国发〔2010〕19 号	国务院印发《关于加强地方政府融资平台公司管理有关问题的通知》	要求地方各级政府对融资平台公司债务进行一次全面清理，只承担公益性项目融资任务且主要依靠财政性资金偿还债务的融资平台公司今后不得再承担融资任务，也加强了对融资平台公司的融资管理和银行业金融机构等的信贷管理，坚决制止地方政府对融资平台进行违规担保承诺。	国发 19 号文标志着中央对城投公司政策的转向，开始防范融资平台举债规模快速膨胀、运作不规范等带来的财政金融风险。
2012 年 12 月	财预〔2012〕463 号	财政部印发《关于制止地方政府违法违规融资行为的通知》	加强规范融资平台公司的注资和融资行为是工作重点。根据 463 号文，地方政府不得将办公楼、学校、医院、公园等公益性资产作为资本注入到融资平台公司中。将土地注入融资平台公司时，必须要经过法定的出让或划拨程序。同时，463 号文要求地方各级政府必须严格按照有关规定规范土地储备机构管理和土地融资行为，不得授权融资平台公司承担土地储备职能和进行土地储备融资。	463 号文对注入资产、城投公司参与土地储备的规范，城投公司在土地财政中的重要性被削弱。
2013 年 4 月	银监发〔2013〕10 号	银监会印发《关于加强 2013 年地方政府融资平台贷款风险监管的指导意见》	要求各银行业金融机构按照“总量控制、分类管理、区别对待、逐步化解”的原则，推进对地方政府融资平台的贷款风险管控，各银行业机构不得新增融资平台公司的贷款规模。	银监会 10 号文，在规范城投公司方面具有特殊意义，城投公司贷款从扩张阶段进入到总量控制阶段，中央层面意识到城投公司债务规模已经膨胀到不得不控制的地步了。
2014 年 8 月	新《预算法》	全国人大常委会表决通过《预算法》修正案		《预算法》和 43 号文，是新时期地方政府举债融资的纲领性文件。根据这两个文件，地方政府有适度举债的权限，地方政府债务实行总量控制。

续表

时间	文件简称	文件全称	重点内容	意义
2014年9月	43号文	国务院印发《国务院关于加强地方政府性债务管理的意见》	43号文剥离了融资平台公司的政府性融资职能。作为满足地方政府资金缺口而产生的城投公司，其融资职能将逐步被规范的地方政府债券所代替。这意味着，城投公司需要加快转型，来适应它被日益削弱的历史地位。	《预算法》和43号文，是新时期地方政府举债融资的纲领性文件。根据这两个文件，地方政府有适度举债的权限，地方政府债务实行总量控制。
2014年10月	财预〔2014〕351号	财政部印发《地方政府存量债务纳入预算管理清理甄别办法》	对包括通过融资平台、政府部门和机构等举借的存量债务进行甄别。根据项目收益、计划偿债来源的不同，甄别为一般债务和专项债务。	
2016年10月	国办函〔2016〕88号	国务院办公厅印发《地方政府性债务风险应急处置预案的通知》	以2015年1月1日为界进行新老划分。城投公司在这个时点之后举债的债务，与地方政府之间剥离了信用关系。这个时点之前的债务，根据清理甄别结果，确定偿还义务责任人。	
2017年5月	财预〔2017〕50号	六部委联合印发《关于进一步规范地方政府举债融资行为的通知》	50号文同样对规范城投公司举债着了诸多笔墨。城投公司要加快市场化转型，地方政府和它的部门不得干预城投公司的市场化融资。城投公司在举债融资时，应该向债权人提供书面声明不承担政府融资职能。金融机构在给城投公司提供融资服务时，要落实准入条件，评估举债人的财务能力和还款来源，不得要求和接受地方政府提供的任何形式的保函。	这是首次这么多部委联合发文规范地方政府的举债融资。相比于此前的文件，50号文最突出的一点，在于加强了对参与地方政府违规举债的单位和个人的联合惩戒。除了地方政府和它的部门、城投公司外，还包括金融机构、中介机构和法律服务机构等，可能都会受到惩罚。

制表：笔者根据公开资料整理。

探路转型

在此背景下，平台纷纷寻路转型。根据笔者的不完全统计，截至2017年末，有超过15家城投公司发布公告宣布与地方政府脱离关系（见表4–2）、退出政府融资平台，成为近期最为热议的话题之一。

表 4–2　截至 2017 年末，宣布退出政府融资平台的城投公司

宣布退出公司	省份	宣布退出时间
濮阳市经济发展投资公司	河南	2017年10月
平顶山市发展投资公司	河南	2017年10月
平顶山交通建设投资有限公司	河南	2017年9月
惠民县国有资产投资经营有限公司	山东	2017年9月
济源市交通投资有限公司	河南	2017年8月
常德市经济建设投资集团有限公司	湖南	2017年7月
贵港市兴港投资发展有限责任公司	广西	2017年5月
台州市路桥区交通投资有限公司	浙江	2017年4月
横山县城市投资运营有限责任公司	陕西	2017年3月
驻马店市投资有限公司	河南	2017年3月
库车城市建设投资（集团）有限公司	新疆	2017年3月
濮阳市投资集团公司	河南	2017年3月
紫金县基本建设投资管理公司	广东	2016年10月
郑州新区建设投资有限公司	河南	2016年7月
宝鸡高新技术产业开发总公司	陕西	2015年12月

制表：笔者根据公开资料整理。

例如湖南常德市经济建设投资集团有限公司退出政府融资平台的公告称，“近年来，集团公司扩大经营，规范管理，已经建立现代企业制度，实现市场化运营。之前承担的地方债务已纳入政府财政预算，并得到了妥善安排。今后将退出政府融资平台，不再承担地方政府举债融资

职能，自主经营，自负盈亏”。

上述城投退出融资平台除了新疆库车和广东紫金县两例是地方政府宣布的之外，其他的都是城投公司宣布的。城投公司主动与地方政府切断关系，背后是希望参与当地 PPP 项目、以及自身融资的需求的驱动。

根据 2014 年底发布的《关于印发政府和社会资本合作模式操作指南（试行）的通知》（财金〔2014〕113 号），参与 PPP 的社会资本不包括本级所属的融资平台公司及其他控股国有企业。简单地说，就是融资平台公司及其他控股国企不能作为社会资本参与本地的 PPP 项目。

不过，2015 年的 42 号文又开了一道口子，“对已经建立现代企业制度、实现市场化运营的，在其承担的地方政府债务已纳入政府财政预算、得到妥善处置并明确公告今后不再承担地方政府举债融资职能的前提下，可作为社会资本参与当地政府和社会资本合作项目”。

不承担地方政府融资功能成了城投公司参与当地 PPP 项目的必要前提，也成为城投公司纷纷退出融资平台的直接原因。

另一方面，城投公司如果不与政府做出明确切割，城投公司也不容易在银行获得贷款。根据 2011 年的《关于地方政府融资平台贷款监管有关问题的说明》（银监办发〔2011〕191 号），银监会对于融资平台的贷款提出“分类管理”的要求，即按照“退出类”和“仍按平台贷款处理类”两大类全口径统计平台贷款。“退出类”整改为一般公司类贷款的，银行可按照商业化原则自主放贷，自担风险责任。“仍按平台管理”的，仅在符合下列条件时方可新增贷款。（见表 4–3）

由此可见，如果城投公司和地方政府不做切割，城投公司很难从银行获得贷款。当然，与地方政府做切割也并非一纸公告就能简单实现的，而是从公司运营的方方面面做好清理工作。

根据 2013 年的《中国银监会关于加强 2013 年地方政府融资平台贷款风险监管的指导意见》（银监发〔2013〕10 号），融资平台真正实现退出需满足五个条件：一是符合现代公司治理要求，属于按照商业化原则运作的企业法人；二是资产负债率在 70% 以下，财务报告经过会计师事务所审计；三是各债权银行对融资平台的风险定性均为全覆盖；四是存量贷款中需要财政偿还的部分已纳入地方财政预算管理并已落实预算资金来源，且存量贷款的抵押担保、贷款期限、还款方式等已整改合格；五是诚信经营，无违约记录，可持续独立发展。

表 4–3　银监会规定的“仍按平台处理”类城投平台可获得贷款和不可获得贷款的条件

可放贷条件	一是符合《中华人民共和国公路法》。
	二是符合《国务院关于加强国有土地资产管理的通知》（国发〔2001〕15 号），含有偿还能力的公租房、廉租房、棚户区改造项目。
	三是国务院审批或核准的重大项目。
	四是对于符合国家宏观调控政策、发展规划、行业规划、产业政策、行业准入标准、土地利用总体规划以及信贷审慎管理规定等要求的融资平台在建项目贷款，其现金流能够达到全覆盖要求，资产负债率不高于 80%，且存量贷款已在抵押担保、贷款期限、还款方式、合同补正等方面整改合格。
不可贷规定	一是不得向银行“名单制”管理系统以外的融资平台发放贷款。
	二是不得再接受地方政府以直接或间接形式提供的任何担保和承诺。
	三是不得再接受以学校、医院、公园等公益性资产作为抵质押品。
	四是不得再接受以无合法土地使用权证的土地预期出让收入承诺作为抵质押。

制表：笔者根据公开资料整理。

据媒体报道，尽管 43 号文出台后，地方政府融资平台都纷纷进行大幅度调整，但目前来看，其投融资功能并未弱化，甚至还在某种程度上继续增强，要求保持增量，所以如何在政策框架范围内进行路径微调，成为各地融资平台的首要目标。以河南为例，便提出将“通过资产证券化等盘活存量，通过公私合作、设立产业投资基金等实现增量突破”。

在此番出台的指导意见中，亦对如何进行融资模式创新，提出了诸多细化方案。主要推进措施包括：运用以相关收益作为还款来源的预期收益质押贷款、特许经营权质押贷款等创新类贷款；鼓励有条件的政府投融资公司大力发展债权投资计划、股权投资计划、资产支持投资计划等融资工具，延长投资期限，吸引社保资金、保险资金等投入收益稳定、回收期长的基础设施和基础产业项目；支持政府投融资公司采用企业债券、项目收益债券、公司债券、中期票据等方式通过债券市场筹措投资资金。

其中最有代表性的亮点为，提出推进省级平台公司建立基金大平台运作机制，设立中原基础设施产业投资基金、河南战略性新兴产业投资基金、河南现代服务业投资基金三大基金平台；鼓励市、县级政府投融资公司广泛吸引民间资本，支持民间资本发起设立主要投资于公共服务、生态环保、基础设施、区域开发、战略性新兴产业、先进制造业等领域的产业投资基金，并表明各地可使用财政性资金，通过认购基金份额等方式予以支持。而 43 号文中大力支持的 PPP 模式，也成了本次河南地方融资平台鼓励推进的重点，提出经政府指定或授权，政府投融资公司可作为实施主体，具体负责政府和社会资本合作项目的前期评估论证、实施方案编制、合作伙伴选择、项目合同签订、项目组织实施，以及合作期满移交等工作。

在政策变动的大环境下，除部分空壳类城投公司可能经清理而消失外，大部分城投公司依靠其已积累的资源和运作基础，具备继续存在的条件和意义。对于仍然承担大量公益性项目的城投公司，在地方政府注入资金、财政补贴等政策的扶持下，下一步应大力拓展多元化业务，以摆脱城乡建设开发等业务的局限，形成新的利润增长点，实现多层次、全方位的运营模式。

表 4–4　城投公司未来多元化转型猜想

领域	布局策略
金融业务	在“资本为王”的时代，城投公司与金融机构的关系更显得尤为重要。目前选择最多、最直接、最有效的方式就是介入金融业，如入股银行，参股金融企业等，有些大型平台更是成立了金融控股集团、投资集团等。
旅游产业	我国旅游行业的健康快速发展为城投公司的转型提供了良好的契机，城投公司可根据自身背景及优势，适时介入旅游业，全面推动生态旅游，深度开发文化旅游，大力发展红色旅游等。如：青岛城投依据其资源优势大力打造旅游业务板块，成为其公司发展核心竞争力；广州城建旗下文化旅游公司依托文化旅游核心产业发展逐步壮大。

续表

领域	布局策略
轨道交通	我国正在形成以地下铁道为主干、多种类型并存的城市轨道交通体系，其金融快速地完善发展为平台公司多元化业务提供了机会。如天津城投下属成立的地铁集团，目前其承建业务范围逐步向周边乃至全国扩展，业务内容也逐步向轻轨交通、有轨电车、BRT、自动化交通系统等方面拓展。
物流运输	随着信息化时代的快速发展，我国物流运输业也紧跟脚步，尤其是港口、航空等领域取得了骄人成绩且日趋发展成熟，整体行业发展前景较为广阔，为平台公司转型发展提供了机遇。如苏州城投的港口业务，其在公司整体发展中发挥了极为重要的作用，在全国各大港口中极具竞争力。
社区服务	“医疗、养老、商业、文化、教育”五位一体的社区服务中心，成为社区服务业行业的至高使命。展现平台公司现代服务业能力是一个前进的方向。如：青岛城投另一大业务亮点就是社区服务业，它以社区网络化管理为平台，整合医疗、养老、文化等各种服务资源。
文化产业	在文化产业方面，涉足的城投公司比例较少，但并不缺乏亮点。如：南宁城投的全资子公司——东盟商务投资有限责任公司，其下共设 12 个子公司，以文化产业为中心大力拓展相关产业，涵盖广告传媒、文化影视、文化艺术服务、书刊音像等多项业务，发展较快。

制表：笔者根据《城投再来》资料整理。

“1+1>2”

已经有一些城投公司走在了转型的前面。

上海城投（集团）有限公司（下称“上海城投”）便是通过资产重组，细致地分类资产，利用经营性资产反哺公用事业，实现了经营的可持续性，从单一的政府融资平台转型为投资、建设、运营一体化的公司。

上海城投把旗下的资产分为三大类：平台类，即无收费机制的公用事业的项目资产；运营类，即有收费机制，但收费尚不足以覆盖公用事业成本的项目资产；经营类，即市场化运作的项目资产，可以实现盈利。其经营类资产主要集中于上海城投旗下控股公司上海城投控股股份有限公司手中，而其他两类则集中于母公司手中。

三类资产的考核目标不一样，对于平台类主要考核服务水平、城市安全运营；对于运营类主要考核招标管理和投资控制，确保工程进度和安全；对于经营类则考核利润指标。

上海城投的资产分类之道，从其环境业务板块可以探究一二。环境业务产业链极长，包括生活垃圾集运、水上垃圾收集、清运、保洁至末端的垃圾无害化处理如焚烧等环节。上海城投将属公益性业务的环卫集运、保洁等业务剥离进入总公司设立的环境实业公司，将可市场化运营的垃圾焚烧业务则划进城投控股旗下的环境集团。上海城投分类资产的细致程度，由此可见一斑。

通过这样的梳理、划分、资产重组，上海城投转型为包括了路桥、水务、环境、置业四大核心板块、多元化经营的企业集团，而且通过经营性资产的收益反哺公用事业的成本，也实现了经营的可持续性。

上海城投之所以可以通过资产重组的方式实现，最关键在于各业务板块中有一些具备市场化的条件，不完全是公益性项目，所以可以通过对业务条线的细致分工，走上了“1+1 ＞ 2”的转型之路。

城投公司转型模式和类型不一，有的向纯商业类国企转型，有的重组整合成为公益类国企，有的则组建多元化集团等。

如合肥建设投资控股（集团）有限公司（下称“合肥建投”），它由合肥城建投资控股、合肥交通投资控股、合肥建设投资公司三家于 2006 年合并而成，这三家公司的主要业务涉及合肥市交通、电力、天然气、水务、市政等业务，地方政府还增加了 5 亿元的注册资本金。2008 年地方政府又通过划拨股权的方式使得合肥建投成为丰乐种业、合肥百货的第一大股东，合肥建投也得以逐步从公益类企业转变成商业类企业。

这种转型路径适合业务集中于高速公路、桥梁、污水等可产生稳定现金流和持续收入的企业。而像亳州建安投资控股集团，则是在当时亳州最大的政府融资平台——亳州建设投资集团有限公司基础上，并入亳州市文化旅游公司、地产公司、交投公司、公交公司、保安公司等，于2014年组建成立的。

此种方式适用于主业为没有收益或收益难以覆盖成本的公司，比如市政道路、水务、公共交通等，可以联合上下游产业链，组建大型的公益性集团。

此外，江东控股集团则是在马鞍山城投集团基础上成立的。马鞍山城投集团的主业是基础设施建设，通过资产重组，其业务不断延伸至公共事业、汽车制造、餐饮、房地产、金融等，转变成为了多元化经营的综合性城投公司，2014年更名为江东控股集团。

观察多家优秀城投转型的道路，笔者认为，城投平台成功转型的关键，在于梳理好旗下的资产，想清楚转型的方向，擅长公益类项目的公司可以继续发挥在市政运营等公用事业方面的优势，擅长或意欲探索多元化业务的公司，也可多方面尝试不同经营性项目，通过资产重组实现好公益类项目和经营性项目的分类和集中，并可通过经营性项目反哺公益性项目，实现持续运营。

当然，平台转型并不是件容易的事。融资平台转型面临的核心难点之一，就在于存量债务如何处理。2014年清理甄别地方存量债务时，融资平台公司替政府公益事业项目举借的债务，部分并未纳入到政府存量债务中，仍以公司债务的形式存在。这部分债务包袱，是融资平台公司转型必须要面对的问题。

2017年6月，重庆发布《关于加强融资平台公司管理有关工作的通知》，是首份省级政府层面直接规范融资平台的文件，这份文件中对存量债务的处理开出了一剂药方，“各区县（自治县）人民政府、市政府有关部门和有关单位要逐笔清理核实，按照与融资平台公司签订的合同协议约定，履行配置资产、授予特许经营权、支付政府购买服务及财政补贴资金等责任。对以内部文件、会议纪要等方式委托融资平台公司实施的公益性项目，要补签合同、协议，完善相关手续，明确政府和融资平台公司的权利、义务关系”。

未来公益类城投如果还要承接地方政府的公益性项目，新增的公司债务如何解决，该文件指出，“要按照权责对等的原则，与公益性项目建设单位签订规范的合同协议，明确双方的权利、义务，并按照合同协议约定切实履行责任”。

除了重庆，2017 年以来，已有江西、广东、四川等多省均发文规范融资平台债务管理，推动有经营收益和现金流的融资平台公司向市场化公司转型。

当转型完成后，投融资平台的政府信用被剥离，投融资平台的命运将会如何？根据已出台的文件，规范后的融资平台融资主要有三个渠道：一是对商业房地产开发等经营性项目，要与政府脱钩，完全推向市场，债务转化为一般债务；二是供水供气、垃圾处理等盈利性质的公益项目，可以吸引社会资本参与，推广使用 PPP 模式，债务由项目公司按照市场化原则举债和偿还，政府不承担偿债责任；三是对非盈利性的公益项目，由政府发行债券融资。

比较而言，由于政府支持力度的差别，公益性城投平台信用资质将好于经营性平台。尤其是政府财力较强、平台基建项目较多的城投平台，信用风险较小。经营性平台由于难以得到政府支持，未来有可能发生信用风险。

公益性平台中，政府回购资金稳定性好于政府补助。如果地方政府财力的下降，或者该平台在地方基建中的重要性下降，政府补助的持续性会受到影响。

对于偿债资金 70% 以上来源于财政性资金的平台，虽然其自身经营收入较少，部分平台常年政策性亏损，需要政府支持才能弥补亏损，但是政府支持程度高对其信用构成支持，金边仍在。

比如，石家庄市城市建设投资控股集团有限公司，其成立于 2005 年

1月10日，是经石家庄市人民政府批准设立的国有独资公司，主要从事石家庄市基础设施建设、公用事业类国有资产运营等业务。

政府补贴收入是公司利润的主要来源。随着公司在建项目规模的持续增加，公司负债规模继续保持增长。2016年末公司负债总额193.56亿元，非流动负债153.17亿元，占较大比重。为保证城建投资计划的实施，公司负债规模仍将保持较大规模。该企业严重依赖于政府补贴收入，但承担了较多的城市基础设施建设项目，会得到政府较大的支持。

对于偿债资金在70%以上来源于公司自身收益的公益性项目平台，一方面有自身经营收入，另一方面可以享受补贴以及政府购买等资金支持，信用风险较低。

比如，北京市热力集团有限责任公司，其成立于1987年3月3日，是北京市政府批准组建的国有独资公司，主要从事北京市城区市政供暖和管网维护等任务。公司是北京市供热市场的主力军，拥有全国最大的城市热网集中供热系统，供热量占北京市供热总量近35%。

公司主要从事北京市城区供热业务，公司收入以供热收入为主，公司营业收入逐年上升，2016年末实现营业收入72.6亿元，同比增长3.97%。由于供热的政策性亏损，公司的营业利润常年为负，北京市财政对公司供热服务产生的政策性亏损予以财政补贴。

对于该类从事公用事业的融资平台，自身通过持续稳定的现金流和政府补贴偿还债务，信用风险较小。总的来看，该类城投债信用风险可控。

对于从事非公益性项目的融资平台，在置换期结束后将蜕变具有信用风险的企业债，政府兜底意愿的持续性存疑。该类属于经营性企业，其未来偿债能力将主要取决于持续稳定的主营业务收入来源。该类债券属于信用风险较高的债券。

比如，天津保税区投资有限公司，其是2002年1月经天津市政府批准、由天津港保税区财政局出资设立的国有独资投资性公司，主要致力于区域基础设施开发建设，以及对金融、高新技术等国家允许投资的行业进行股权投资。

该公司收入来源主要包括天保商务园项目的销售及部分物业的租赁。受营业成本抬升影响，2016 年公司营业利润和利润总额分别为 8.16 亿元和 8.15 亿元，同比下滑大幅 53% 和 54.67%，而此前公司的利润总额一直在同比增长。因此，对于此类非公益性融资平台，应当视作普通企业债券，通过分析其未来现金流的持续性判断其偿债能力，存在一定信用风险。

同时，经营性的城投平台也出现了平台整合、发展注入经营性资产、转型成为金融控股集团等转型个案。例如山东济南市政府印发济政发〔2017〕7 号红头文，提到对济南四大投融资平台的改革思路，撤销四大平台事业编制，核销领导职数。整合旧平台资源成立城市投资和建设集团，并成立金融控股集团。主要负责整合各类金融资源，综合经营银行、证券、保险、股权交易等金融业务，为打造区域性金融中心提供金融支持和保障。未来这类平台将主要依赖自身经营收入偿债，企业定位和信用风险向地方国企转变。

根据媒体报道，相关部委已起草了融资平台转型方案文件，且在地方征求过意见，针对地方融资平台的“顶层设计”有望适时出台。

典型案例

马鞍山城投成功转型

马鞍山城投前身为马鞍山建投，是马鞍山市唯一的基础设施投融资平台，为马鞍山市城市发展建设做出了巨大的贡献，公司也获得了地方政府在资产注入、财政补贴、土地划拨、项目回购等多种形式的支持，2008 年到 2012 年间，马鞍山市政府先后将马鞍山能投、马鞍山工投和马鞍山交投股权划归公司所有，大幅度提高公司资产规模和融资能力。

2014 年 5 月，马鞍山城投在切割政府信用、化解政府债务风险的背景下，积极探索自身转型发展的道路，成功改制重组江东控股集团，成为首家地方城市投融资平台创新改制成的普通国企。改制重组后的江东控股集团分设金融事业部、土地开发事业部、房地产开发事业部、投资管理事业部、市政公用事业部、基础设施事业部、资产运营事业部和文化旅游集团有限公司八个事业部。

转型前后，公司政府性收入不断减少，政府性收入占比不断下降。2012 年到 2013 年间，公司土地出让收入和政府项目回购分别为 33.37 亿元、35.22 亿元，占比分别为 26.62%、26.51%，2014 年到 2016 年间，公司土地出让收入和政府项目回购之和分别为 16.9 亿元、8.72 亿元、6.72 亿元，占比分别为 20.26%、12.33%、10.63%。同时，公司非政府性收入占比不断上升，2012 年—2013 年，马鞍山加工制造和造纸分别是公司第一、二大收入来源，2014 年—2016 年受宏观经济形势以及山鹰纸业股权转让影响，公司收入水平有所下降，但非政府性收入在公司收入中占比不断上升。

总体而言，江东控股转型由于政府性收入来源占比下降，对政府的依赖度下降，因而转型更具有典型。

城投公司是否在真正推动和实现转型，不能光看城投在说什么，更重要的要看城投在做什么。从以下几方面考察可以大体得出城投是否在转型：

一是看运作模式。城投公司实现转型，首先是要转变城投公司的运作模式，实现政企分开，自主投资、自主经营、自负盈亏。过去城投公司是地方政府实现融资的工具，城投公司在地方政府压力下不讲条件和回报地从事公益性项目，与地方政府没有形成市场化的结算关系，同时，最终投资建设的公益性项目产权也不归属于企业，企业无法对这些公益性项目进行后续经营，产生投资回报，转型后，企业与地方政府之间的关系按市场化规则办事，讲投资、讲回报，谁投资、谁受益。

二是看业务布局。城投公司转型主要是向市场化方向转型，过去城投公司业务主要是从事公益性项目、准公益性项目，项目投资规模大，资金周转慢，投资回报低，导致城投公司造血机制缺乏，造血能力低下。转型后，城投公司业务出现多元化，尤其是经营性业务占比会明显上升，造血能力明显增强。

三是看管理方式。过去地方政府对城投公司实行“管人”“管事”又“管资产”，政府官员和企业一套人马、两块牌子。转型后，城投公司拥有自主经营权的标志便是对人、事、物能形成集中统一的管理，建立职业经理人制度，与此同时，地方政府对城投公司以业绩考核为准绳，由管资产向管资本转型，切实履行出资人责任。

四是看所有制形式。过去为保证城投公司能按政府意志办事，很多城投公司股权上由地方政府绝对控股，而地方政府大办企业，导致几轮国企改革后全民所有制经济又大有卷土重来之势。在目前大力发展混合所有制经济、推动PPP模式和吸引社会资本进入公共服务领域的背景下，转型后，城投公司将积极推动社会资本进入公共服务领域，向混合所有制模式转变，股权将会有所分散。

寻找平台“替代者”

城投公司逐步褪去政府融资平台的外衣，成为独立的市场化企业，那么政府融资的大棒将交与哪位继任者？

中央在“堵后门”的同时，也没有忘记“开前门”。新预算法允许地方政府直接举债，给了地方政府一线生路；而 2013 年底开启的这一轮“PPP 热潮”，也解了地方政府不少燃眉之急。近期出现的各类政府引导基金、产业发展基金也助力政府融资。

在中央严监管下发行的地方债和入库的 PPP 项目，成了城投公司隐性债务的最佳“替代者”。中央的意图也非常明显，并非阻止地方政府搞基础设施建设，而是要用更加透明的方式举借债务，变“隐性”为“显性”，让地方政府债务都在可控范围内。

新预算法赋予了地方政府直接举债的权限，2015 年地方政府开始首次发行自发自还的地方债。地方债分为一般债和专项债，一般债纳入一般公共预算管理，专项债纳入政府性基金预算管理，每一笔债务都纳入“四本账”的全口径预算中，清晰透明。每年“两会”公布全国新增债务限额，之后各省公布各自的新增债务限额，相比于城投融资，地方债的发行需在新增限额内，至少规模可以得到控制。

相比之下，之前城投公司的融资方式包括城投债、城投贷款、信托等方式，城投债尚且有统计，而另两种的城投融资方式连规模的统计数据都没有，决策层很难监管。而且地方债有地方政府信用背书，融资成本比城投融资更低，置换债后有助于降低地方政府债务规模。观察 2015 年至今的城投债到期收益率和地方债到期收益率便可发现，2017 年 11 月，中债地方债（AAA）到期收益率在 4% 左右，而中债城投债（AAA）到期收益率在 5% 左右（见图 4–1），相差约 100BP。

2017 年的专项债规模是 8000 亿，相比于 2016 年的 4000 亿翻了一番。普通的专项债是纳入政府性基金预算管理的，用政府性基金作为偿债来源，某个专项债的偿债来源并非是它原先投向的项目。而 2017 年试点的项目收益专项债，则是依靠项目自身的现金流进行偿还，土地储备专项债由项目对应且纳入政府性基金预算的国有土地使用权出让收入偿还，而收费公路专项债则有项目对应且纳入政府性基金预算车辆通行费收入等偿还。

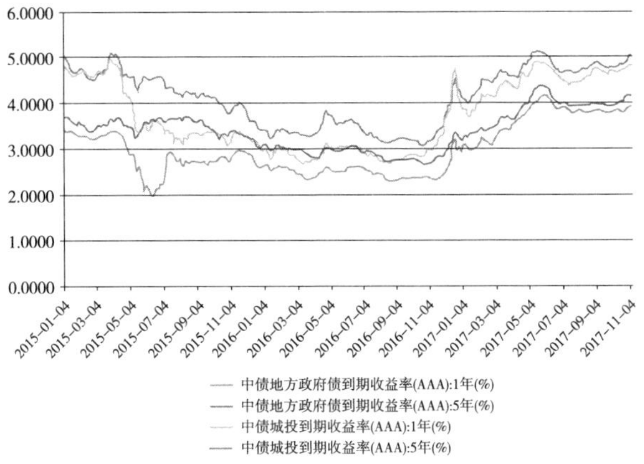

图 4-1　2015 年至 2017 年 11 月，中债城投债和地方债到期收益率

制图：Wind 资讯。

2017 年试点发行的这两种项目收益专项债，是在 8000 亿专项债额度内的，并非新增债务规模。但市场普遍预计，下一步中央会增加地方政府的专项债额度，可能会随着项目收益专项债范围和种类的扩大而放量，甚至不排除再次翻倍的可能性。在大力关紧后门的背景下，加快前门打开的力度。

而 2013 年底开始的这一轮 PPP 也同样被寄予厚望。这四年来 PPP 发展得如火如荼，根据明树数据的统计，截至 2017 年末，我国共有 6129 个 PPP 项目成交，投资规模达 9.13 万亿元。其中，项目成交达 4.73 万亿元。政府和社会资本合作的 PPP 模式推行的初衷是在基础设施和公共服务领域，通过与社会资本合作，将原本由政府提供的公共服务转为由社会资本提供，从而提高公共服务提供质量、倒逼政府公开透明和行政效率的提高。

与城投平台融资模式不一样的是，PPP 实际上把政府的债务转化成了企业的债务。PPP 有三种形式，一种是使用者付费型，比如高速公路，这种不需要政府付费，收益可以覆盖成本，企业完成融资、投资、建设、运营、收费收回成本的全过程，政府只需要进行监管和把控质量；二是政府付费型，比如垃圾焚烧，不向使用者收费，而是政府承担付费责任，企业承担融资、建设、运营的过程，但是政府会在长达十几年的时间内根据公共服务提供的质量进行付费，政府付费部分并不造成政府的债务，而是每年纳入政府预算的支出；三是可行性缺口补助型，如学校、体育馆等，虽有收费机制但不足以覆盖全部成本，政府还需要给予补贴，企业需要收费，也需要政府付费。

这三种模式中，使用者付费完全不造成政府的债务，实际上是把政府债务转化成了企业的债务，企业再通过长期经营收回成本。后两种模式虽然涉及政府付费，但也把政府债务变成了政府支出，企业承担融资建设运营的债务，政府每年对企业支出。相比城投融资模式，PPP 对政府造成的融资压力明显小得多。

而且 PPP 从推行之初就是由政策推动的，发展至今关于 PPP 的规范性文件已经难以计数。相比于城投平台，PPP 一开始就走在规范的道路上。且财政部、发改委都有 PPP 项目库，对 PPP 项目的规模、进度纳入监测。PPP 项目必须经历的“物有所值评价”和“财政可承受能力”评价，也要求“通过 PPP 的方式做项目比政府自己做更划算”和“PPP 项目每年政府需要支出的金额不得超过政府一般公共预算收入的 10%”，来控制 PPP 项目的规模。与隐蔽的城投融资相比，PPP 更加公开透明，操作过程也更加严格。

另外，各式各样的政府引导基金和产业投资基金也助力新型地方政府投融资体系的建立。产业投资基金一般具有杠杆效应，地方政府出资 10 亿元就可以设立 100 亿或者 50 亿元的产业投资基金，有效缓解地方支出压力，也加速 PPP 项目的落地。

产业投资基金一般有三种方式，公司型、契约型、有限合伙型。

公司型基金具有法人资格，出资人为股东，知情权和参与权较大，比如中国政企合作投资基金股份有限公司，是由财政部、社保理事会和九家金融机构发起，规模 1800 亿，目前该基金已经助力多个 PPP 项目落地，首笔落户呼和浩特市轨道 1、2 号线。

契约型基金，出资人将资金委托给投资人管理，基建投资人不是股东，但负责运作。如江苏省 PPP 融资支持基金，江苏省财政厅出资 10 亿，江苏银行等五家金融机构出资 90 亿，形成了 100 亿的江苏省 PPP 融资支持基金，成立了 5 个子基金每个 20 亿元，首支子基金对徐州市城市轨道交通 2 号线一期投资了 4 亿元。

有限合伙型基金则是由有限合伙人（LP）和普通合伙人（GP）成立有限合伙企业，普通合伙人承担无限连带责任，有限合伙人以认缴出资额为限承担有限责任。这种模式是最广泛运用的基金模式。政府作为普通合伙人，享受浮动收益、承担主要风险；金融机构作为有限合伙人，享受固定收益，承担有限责任。如中国城市轨道交通 PPP 产业基金就是以有限合伙企业形式成立的。

目前，地方政府融资体系已经从城投融资模式转变成“一般债 + 专项债 +PPP+ 各类产业投资基金”的多元体系，地方政府的隐性债务也通过更加显性的方式呈现，各类投融资新主体正发挥着替代城投公司的功效，助力地方政府各项建设。

延伸阅读：转型之惑

地方融资收紧倒逼城投转型：市场化路径待探讨

方海平

城投这一事物可以说是我国不健全的财政体制下的特有产物，随着财政体制不断改革，城投所担任的角色越来越尴尬。银监会融资平台名单数据显示，截至 2017 年底，全国有 11734 家城投平台。自财政部开始收回融资平台的政府融资职能后，平台以市场化转型的名义退出名单就成为常态，2010年以来共有2500家左右融资平台退出名单。

43号文之后，2017年是对地方融资监管最为严格的一年。据记者了解，在从地方政府和金融机构不同的方面对地方融资予以限制之后，地方平台尤其是中小平台以及相关的金融机构、类金融机构压力颇大。高压之下，地方平台确实有不少转型动作，最典型的做法就是整合当地的基础设施资产，宣称转型为“城市综合运营商”或“地方金控平台”等大型控股公司，但不少业内人士对记者表示，把资产装进去，实际上还是为了将报表做得符合审批要求，换汤不换药。

“监管上的总体思路一直没有变化，即剥离城投的政府性质，转型为公司法人市场化运作，但这么多年下来很难说实际效果有多大，地方融资平台存在的根本就是为地方政府投融资，这与市场化转型本身就是相悖的。根源上的解决途径还是要推进地方国企改革，引进外资、民营股东。”上海地区一位财政专家对21世纪经济报道记者如此表示。

城投平台的“前世今生”

城投平台这一事物源自1994年分税制财政体制改革，这一改革使得地方政府陷入了“事权大、财权小”的局面，为了解决地方基础设施建设等资金缺口，只好借助政府投融资平台，以公司名义向银行等市场主体筹资，当时城镇化正迈开步子，各地急需进行基础设施建设，但是财税体制改革加上旧《预算法》下，地方政府不列赤字、不得发行地方政府债，巧妇难为无米之炊，以城投公司作为投融资平台承担地方基础设施建设任务的模式在全国范围内普及开来。

在2008年金融危机后中央出台的4万亿刺激方案中，地方政府承担了其中的2.82万亿，刺激方案没有立马见效，中央继续鼓励投资建设。2009年，央行和银监会明确发文鼓励地方政府组建投融资平台，发行企业债、中期票据等融资工具。扶持政策之下，融资平台遍地开花，银监会数据显示，2009年一年全国新增融资平台2000多家，而此前的17年（第一家城投平台成立于1992年）全国新成立的融资平台总数才6000多家。与此相应，城投债发行规模发生了类似的变化，据 wind 数据统计，2008 年还只有 546.3 亿元的城投债净融资额到 2009 年飙升至 2804.6 亿元。

2010 年以前可以说是城投公司的辉煌时光，随着中央政府对城投平台的监管态度由“鼓励扶持”演变为“规范限制”，尤其是 2014 年 43 号文和随后的新《预算法》实施，城投公司由此走上了漫漫转型路。

据业内人士向记者介绍，城投平台的转型无非两个方向，即“商业类”和“公益类”，具体而言，一个是通过改革和重组使其成为一个市场化的企业进行运行，绝大部分的城投平台属于这类情形；另外一个模式是成为一个特殊目的实体，专门做政府公益项目，和政府财政百分之百捆绑在一起。

高压下的“转型”

地方平台宣布转型市场化公司的积极性与监管施压的力度高度相关。2014 年后以及当前均是城投平台讨论转型的高峰期。

2014 年，马鞍山市城市发展投资集团有限责任公司更名为江东控股集团有限责任公司，成为我国首个地方城市投融资平台转型的案例。同年，亳州建设投资集团有限公司更名为建安控股，市政府将当地的药都地产、交投公司、公交公司、文旅公司、保安公司及安源检测线公司资产注入其下。其他地区的平台转型过程也大多类似，即将城市基础设施建设各个板块的资产整合到一个大的控股集团旗下。

“虽然不好说全国有多少家城投平台是合理的，但是在现在这个形势下，整合兼并在未来几年内会大面积推进的，中小平台尤其是那些没有经营性资产只作为融资的‘壳’平台只有退出或被兼并整合。”联讯证券董事总经理李奇霖对 21 世纪经济报道记者表示。

据记者了解，在经历了去年对地方融资收紧的多项政策后，金融机构纷纷开始调整对地方融资平台的准入门槛。一家大型上市金融机构人士对记者透露，在 2017 年这些文件下发之后，现在评估地方政府项目的标准与以前完全不一样了，一是对政府的财政实力要求提高，一是对平台本身的资产规模要求提高了，“现在我们要求平台必须发过公司债、企业债或中票这些公开债券，发过短融、私募债都不算，我们还在继续酝酿提高融资平台的准入标准，我了解的很多其他机构也都在酝酿。”

中央政府也是鼓励城投公司进行市场化转型以退出名单的，但具体怎么转，一直没有明确的政策指引，城投公司也就根据自己的理解和需求来。“监管的方式就是不断地对平台的融资渠道做出限制，提高要求，平台自发做出转型调整的出发点就是满足这些新的条件，之所以整合资产是最主流的转型方式，就是因为监管要求金融机构要按企业的融资标准去给平台项目，就是要看评级、看资产、回款等等，以前完全不看现金流什么的，都经不起推敲的，大家心里都知道。”一家信托公司项目人士对记者表示。

对于城投平台真正的市场化转型，接受21世纪经济报道记者采访的人士多表示悲观，尽管监管上一再要求弱化城投平台的政府色彩，但是城投公司不可能摆脱与地方政府之间千丝万缕的联系，“城投存在的目的就是为了给地方政府融资，即使名义上的身份脱离了，必须作为公司运作，但是他的性质决定了其资产、项目、收入全靠政府给，所以不管怎么脱离，背后的政府信用还在”。上海财经大学公共政策与治理学院副院长郑春荣对记者表示。

多年来，城投平台饱受诟病的另一个问题即效益问题。据记者了解，城投公司人员编制大多与当地政府财政部门公务人员属一套班子，甚至有些地方存在市长兼任城投平台负责人的现象。城投公司的性质使其没有动力重视经营效益。

郑春荣曾对32家典型大型平台2015年的财务报告进行分析，结果显示，其平均净资产收益率为1.69%，平均总资产报酬率为1.5%，盈利能力较低。并且，从政府补助占净利润的比重来看，有19家公司的政府补助占净利润比重超过50%，说明约六成融资平台实际上是亏损的，经过政府补贴的修饰才扭亏为盈。

（原载《21世纪经济报道》，2018年1月20日）

第五章

PPP 前行

PPP（Public-Private-Partnership）指的是一种公共基础设施的项目运作模式，即鼓励私人资本与政府进行合作，参与到基础设施的建设和公共服务的提供中来。

PPP 自 20 世纪 80 年代就进入了中国，但这一轮的“新”PPP 始于 2014 年。2014 年之前，最早是外商投资为主，在交通、能源、水务等领域参与中国的基础设施建设。那时候 PPP 功能比较单一，以融资和建设为目的，且合作期短，竞争不充分，透明度较低，多是使用者付费模式。

而 2013 年底、2014 年初开启的这一轮 PPP 热潮，则是由财政部和发改委牵头，PPP 项目成了融资、投资、建设、运营、维护一体化的全生命周期的载体，竞争更为充分，也更加公开透明。

读懂 PPP

什么叫作 PPP？政府对 PPP 的定义在不同的文件中有不同的定义。在国办下发的《关于在公共服务领域推广政府和社会资本合作模式的指导意见》中，PPP 被定义为政府采购、政府采取竞争性方式选择具有社会运营能力的资本，双方按照平等协商的原则订立合同，明确权利关系，由社会资本提供公共服务，政府根据公共服务绩效评价结构向社会资本支付费用，保证社会资本获得合理收益。发改委的上述文件中把 PPP 定义为，政府为增强社会服务供给能力，提高效率，通过特许经营、购买服务、股权合作等方式与社会资本建立利益共享、风险共担、长期合作关系。总之，不管是哪种 PPP 的定义，有四个内核是不变的：一是利益共享；二是风险共担；三是长期合作；四是绩效考核。

为什么要引入 PPP？直接动因来自财政压力、垄断势力和低效率。我国地方政府债务迅速攀升，运用 PPP 的机制创新，针对适合项目选择性地适当降低地方政府债务规模，有助于化解地方政府债务风险、减少地方债压力。2013 年的十八届三中全会提出“让市场在资源配置过程中发挥决定性作用”，还允许社会资本通过特许经营等方式参与城市基础设施投资和运营，也为 PPP 的推广普及提供了宏观政策基础。

目前城市建设资金主要靠转让土地的收入支撑是不可持续的，新型城镇化需要建立多元可持续的资金保障机制。我国在推进新型城镇化的过程中，约 4 亿人口要从农村区域转入城镇成为常住人口，进城人口所需的“市民化”待遇，必须得到基本公共服务和保障，而预计 2020 年城镇化带来的投资资金量约 42 万亿元，而各地加快推进城镇化普遍面临着融资难题。

PPP 模式是以政府、企业基于某个项目而形成以“双赢”或“多赢”为合作理念的现代融资模式。

政府通过政府和社会资本合作模式向社会资本开放基础设施和公共服务项目，可以拓宽城镇化建设融资渠道，形成多元化、可持续的资金投入机制，有利于整合社会资源，盘活社会存量资本，激发民间投资活力，拓展企业发展空间，提升经济增长动力，促进经济结构调整和转型升级。

规范的政府和社会资本合作模式能够将政府的发展规划、市场监管、公共服务职能，与社会资本的管理效率、技术创新动力有机结合，减少政府对微观事务的过度参与，提高公共服务的效率与质量。政府和社会资本合作模式要求平等参与、公开透明，政府和社会资本按照合同办事，有利于简政放权，更好地实现政府职能转变，弘扬契约文化，体现现代国家治理理念。

根据财税体制改革要求，现代财政制度的重要内容之一是建立跨年度预算平衡机制、实行中期财政规划管理、编制完整体现政府资产负债状况的综合财务报告等。政府和社会资本合作模式的实质是政府购买服务，要求从以往单一年度的预算收支管理，逐步转向强化中长期财政规划，这与深化财税体制改革的方向和目标高度一致。推广使用“PPP”模式，是支持新型城镇化建设的重要手段。有利于吸引社会资本，拓宽城镇化融资渠道，形成多元化、可持续的资金投入机制。

PPP 有多种模式，包括 BOT、BOO、BTO、TOT、ROT、O&M 等。虽然现实中远不止这六种，但笔者以六种主要模式为例，阐述它们之间的区别（见图 5-1）。

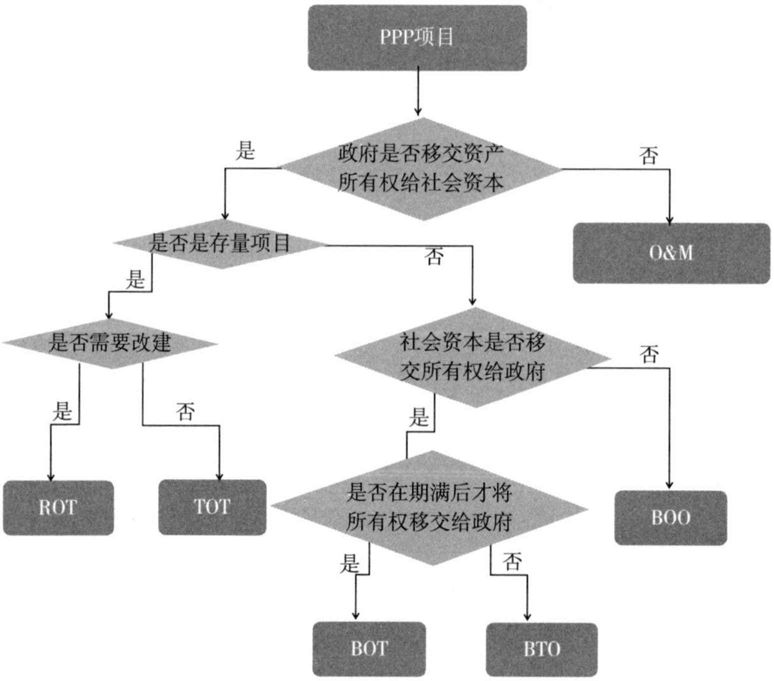

图 5-1　六种主要 PPP 模式的区别

制图：笔者根据公开资料及实践观察绘制。

BOT 指的是 Build-Operate-Transfer，建设－运营－移交，简单地讲就是社会资本承担建设、运营等职责，合同期满后将项目资产和权益无偿转移给政府。BOO 指的是 Build-Own-Operate，建设－拥有－运营，由 BOT 演变而来，区别在于不需要在项目期满时移交给政府，而是社会资本拥有项目所有权。BTO 指的是 Build–Transfer–Operate，建设 – 移交 – 运营，与 BOT 的区别在于建设完先把资产和所有权移交给政府，再从政府那获得经营权，开始经营项目。

TOT 指的是 Transfer–Operate–Transfer，即移交 – 经营 – 移交，指的是政府将存量资产所有权转移给社会资本来运营，合同期满后再转回给政府，即少了建设部分，针对的是存量资产。ROT，Renovate–Operate–Transfer，改扩建 – 运营 – 移交，即对存量资产进行改扩建，然后再由社会资本运营，期满后还给政府。

O&M，指的是 Operations& Maintenance，委托运营，指的是政府把公共资产的所有权保留，仅把运营维护责任委托给社会资本，并且向社会资本支付运营费用。

PPP 在我国主要经历了五个阶段。

第一阶段：探索阶段（1984—1993）。改革开放以来，外资大规模进入中国，一部分外资尝试进入公用事业和基础设施领域。地方政府开始与投资者签订协议，合作进行基础设施建设，本质上就是 PPP。但当时尚未引起国家层面的关注，无相应政策和规章，地方政府与投资者都是在探索中前进。这一阶段代表性的项目有深圳沙角 B 电厂 BOT 项目、广州白天鹅饭店和北京国际饭店等，其中深圳沙角 B 电厂 BOT 项目被认为我国真正意义上的第一个 BOT 项目。

第二阶段：小规模试点阶段（1994–2002）。与探索阶段无政府部门牵头状况不同的是，该阶段试点工作由当时的国家计委（现“发改委”）有组织地推进，也掀起了第一波 PPP 高潮。

第三阶段：推广试点阶段（2003–2008）。2002 年十六大提出在更大程度上发挥市场在资源配置中的基础性作用，2003 年十六届三中全会提出让民营资本进入公共领域，2004 年建设部（现“住建部”）出台《市政公用事业特许经营管理办法》，为 PPP 项目开展确立法律法规依据。政策东风下，各地推出大批 PPP 试点项目，掀起了 PPP 第二波高潮。该阶段外企、民企、国企等社会资本均积极参与，污水处理项目较多，也有自来水、地铁、新城、开发区、燃气、路桥项目。第一个被官方广泛推广的 PPP 项目——北京地铁四号线项目也于这一阶段诞生。

第四阶段：短暂停滞阶段（2009-2012）。随着四万亿经济刺激政策的推出，地方政府基础设施建设投资高速增长，城镇化程度大幅提高，但 PPP 模式在此阶段却停滞不前，主要原因在于地方政府融资平台发展壮大，平台贷款、城投债等规模激增为地方政府提供了充足的资金，PPP 发展进入短暂的停滞阶段。

第五阶段：发展新阶段（2013 年至今）。十八大提出“让市场在资源配置中发挥决定性作用”，2013 年时任财政部部长楼继伟就 PPP 作专题报告，肯定 PPP 模式在改善国家治理、转变政府职能、促进城镇化等方面的重要作用。2014 年以来，中央到地方均推出大量 PPP 项目，PPP 进入了发展的新阶段，并掀起第三波高潮。以前的 PPP 更多以 BT、BOT 等为主，政府仍是主要的投资者和风险收益主体，此轮则强调社会资本与政府共享利益、共担风险，PPP 立法有望很快推出，制度配套上也更为完善。

PPP 操作规程

财政部发布的《政府和社会资本合作模式操作指南（试行）》（财金〔2014〕113 号）（简称《操作指南》）将 PPP 模式的操作程序分为五个阶段：项目识别、项目准备、项目采购、项目执行和项目移交。五个阶段按照 PPP 项目操作逻辑前后连接，形成完整的 PPP 项目采购流程，其中任何一个阶段出现问题，都可能导致 PPP 项目失败。

图 5–2　PPP 的五个阶段

制图：笔者根据公开资料及实践观察绘制。

项目识别阶段

项目识别阶段的主要功能是挑选适合采用 PPP 模式的项目，包括项目发起、项目筛选、物有所值评价和财政承受能力论证四个步骤。项目识别环节的各项工作主要由政府负责，其关键问题包括以下几个方面：

第一，明确项目筛选责任主体。目前，在国家层面上 PPP 牵头机构有两家，分别是财政部和国家发改委。在执行阶段，要明确项目筛选责任主体，这是成功采用 PPP 模式的前提。

第二，明确项目筛选标准。根据《操作指南》的筛选原则，“投资规模较大，需求长期稳定，价格调整机制灵活，市场化程度较高的基础设施和公共服务类项目”适宜采用 PPP 模式。但是这个原则属于定性描述，筛选标准并不明确，在实际操作中很难落实。

第三，如何界定社会资本。国务院办公厅最新发布的《关于在公共服务领域推广政府和社会资本合作模式的指导意见》（国办发〔2015〕42 号）中对“社会资本”进行了定义，指出“对已经建立现代企业制度、实现市场化运营的，在其承担的地方政府债务已纳入政府财政预算、得到妥善处置并明确公告今后不再承担地方政府举债融资职能的前提下，可作为社会资本参与当地政府和社会资本合作项目。”但是，对于其他控股国有企业，还是没有清晰的阐述。

第四，如何界定公共产品的范围。公共产品和公共服务首先强调的是一个公共性，政府对社会资本提供的服务的质量、数量或价格应有一定程度的制约。然而，部分地方政府为快速推动项目、增加政绩，将 PPP 模式应用于商业地产、园区开发等纯竞争性领域的项目，与 PPP 模式的本意不相符。

项目准备阶段

项目准备阶段是为项目实施做好准备工作，包括项目实施方案、项目实施机构、人员等，其中最主要的工作是编制项目实施方案。项目实施方案的编制需要关注以下问题：

第一，合理分配项目风险。风险分配基本框架是按照风险分配优化、风险收益对等和风险可控等原则，综合考虑风险管理能力、项目回报机制和市场风险管理能力等要素，在政府和社会资本之间合理分配项目风险。原则上，项目设计、建造、财务、运营维护等商业风险由社会资本承担；法律、政策和最低需求等风险由政府承担；不可抗力风险由政府和社会资本合理共担。

第二，选择合适的项目运作方式。PPP 模式的运作方式是根据项目各个环节在政府和社会资本之间进行分配组合。通过考察项目各个环节是政府来做，还是社会资本做更合适、更有效率。对项目设计、建造、融资、运营、维护等各个方面的职能进行划分。不同的划分方法就会得到不同的组合，从而产生不同的 PPP 运作方式。究竟选择哪种运作方式，根据项目具体情况，会有不同的选择。

第三，选择合适的采购方式。按照财政部的要求，PPP 项目采购应该遵守政府采购法，采用公开招标、邀请招标、竞争性谈判、单一来源采购、竞争性磋商以及政府采购监督管理部门认定的其他采购方式。从实际情况看，公开招标是目前各地 PPP 项目最常使用的采购方式，因为对于政府来说，公开招标的政治风险最少。

然而，公开招标并不总是最适合 PPP 项目的采购方式。公开招标方式程序复杂、规定僵化，不但需要较长时间进行资格预审，同时还需满足“投标人超过 3 家”等为传统简单政府采购而设计的规定。

目前来看，比较适合 PPP 项目的采购方式是竞争性谈判和竞争性磋商，通过政府与潜在投资人的谈判和磋商，可以帮助政府明确项目边界条件，从而设置合理的采购条件，提高项目采购效率。

第四，设计合理的回报机制。PPP 项目的回报机制主要有三种，第一种是使用者付费，由购买服务者支付购买费用，像高速公路、自来水公司、停车场等经营性项目比较适合采用使用者付费模式。第二种是可行性缺口补助，使用者付费不足以满足社会资本或项目公司成本回收和合理回报，而由政府以财政补贴、股本投入、优惠贷款和其他优惠政策的形式，给予社会资本或项目公司的经济补助，比如轨道交通类 PPP 项目就是典型的采用可行性缺口补助的项目。第三种是由政府直接付费。目前，中央政策谨慎对待政府付费项目，而个别省份已将政府付费列入负面清单。

项目采购阶段

项目采购阶段的关键问题包括三个，分别是充分的市场测试、设置合理的资格预审条件和核心边界条件。

第一，充分的市场测试。市场测试是在启动 PPP 采购程序前，政府用以检验项目方案能否吸引市场参与主体如潜在投资人、融资机构的意愿，并借此获得各类市场参与主体的反馈，对 PPP 方案进行调整完善的一种工具。市场测试是一个寻找最佳项目实施方案的过程，而不是寻找最佳交易对手的过程，也不是进行实质性谈判的过程。目前，投资人对参与市场测试的积极性不是特别高。但市场测试对 PPP 项目的运作非常关键，很多项目的失败都是归结于此。

第二，设置合理的资格预审条件。资格预审主要是为了实现市场测试的职能，验证项目是否具有足够吸引力，实现充分竞争。资格预审的条件主要为资质、项目经验、财务等方面的客观条件，条件设置既需要满足项目基本需求、实施机构的特殊要求，同时也要考虑潜在投资人的实际情况。资格预审条件要求过高，可能导致符合要求的社会资本数量不足，无法实现充分竞争；条件要求过低，可能难以满足项目需求。

第三，设置合理的边界条件。项目的采购边界条件主要包括项目运营模式、项目合作年限、回报机制、交易结构、风险分担机制等。政府应在设置边界条件时充分考虑社会资本的利益，为其留下合理利润空间，这样才能更好地保障项目顺利落地。在项目实施中，还有一些条件是可以灵活调整的。

在实际工作中，有些地方政府始终担心社会资本“占便宜”，为社会资本进入设置了较为苛刻的条件，如设置过低的限价或不设置调价机制。这些边界条件极大削弱了项目的吸引力，也给社会资本造成了地方政府难以合作的印象，极有可能导致项目招标失败。

项目执行阶段

项目执行是 PPP 项目运作成功的关键，因为 PPP 项目从项目识别、项目准备到项目采购阶段可能只需要几个月的时间就可以完成，而 PPP 项目的执行阶段通常需要 20–30 年的时间，这才是 PPP 项目开始实施并产生效率的关键阶段。项目执行主要关注项目公司的设立、融资管理、绩效监测与支付。项目执行阶段还需要制定定期评估机制，按照《操作指南》，每 3–5 年需要进行一次中期评估。项目执行阶段需要关注的问题主要包括两个方面：

第一，良好的履约管理能力。良好的履约管理能力主要包括两方面，一方面是指政府对于项目公司的履约具有监管意识和监管能力，因为 PPP 项目大多提供的是公共产品，为了保障公众利益，需要政府对提供产品的数量、质量、价格进行日常监管；另一方面是指政府自身的合同履约意识和能力，其中最核心的是政府的付费能力。

第二，设计合理的绩效考核机制。PPP 项目实现物有所值的一个重要方式是要对项目公司的服务按照绩效付费，但是目前大多数项目的付费与绩效考核的挂钩做得不够好。要实现按照绩效付费的机制，需要政府针对项目公司的运营情况建立一个绩效考核的指标，通过每年对项目运营绩效的考核结果来决定政府付费额。

项目移交阶段

项目移交阶段的主要工作包括移交准备、性能测试、资产交割和绩效评价，其中最关键的环节是性能测试。

项目实施机构或政府指定的其他机构应组建项目移交工作组，根据约定确认移交情形和补偿方式，制定资产评估和性能测试方案。项目移交工作组应严格按照性能测试方案和移交标准对移交资产进行性能测试。性能测试结果不达标的，移交工作组应要求社会资本或项目公司进行恢复性修理、更新重置或提取移交维修保函。

如何保证社会资本移交的设施是完好的，移交的设施应该达到什么标准，这都需要在合同中进行详细、准确的描述，但是目前来说，很多 PPP 项目对这些问题都约定得比较粗泛。

典型案例

湖南澧县城区供水及管网 PPP 项目

一、项目概况

澧县城区供水及管网 PPP 项目内容包括第一地表水厂水质及配套管网的提质改造、第二地表水厂及配套管网的新建、县自来水公司改制后的股权转让，静态投资 4 亿元。

二、项目运作模式

（一）项目合作期限

澧县城区供水及管网 PPP 项目合作期限为 27 年（含建设期 2 年）。

（二）存量资产股权转让

澧县城区供水及管网 PPP 项目的存量资产评估价为 12318.52 万元。其中县自来水公司古城路老宿舍院落、高水塔下院落、原四水厂院落、绿园公司院落资产合计约 2000 万元，以及县城三改四化计划内需要拆除、改造的供水管道资产约 1270 万元，剔除在外不进入股权转让范围。剔除上述资产，并结合县自来水公司 2016 年度财务报表审计结果，公司存量主营业务资产约为 8620 万元。项目存量资产股权转让示意图：

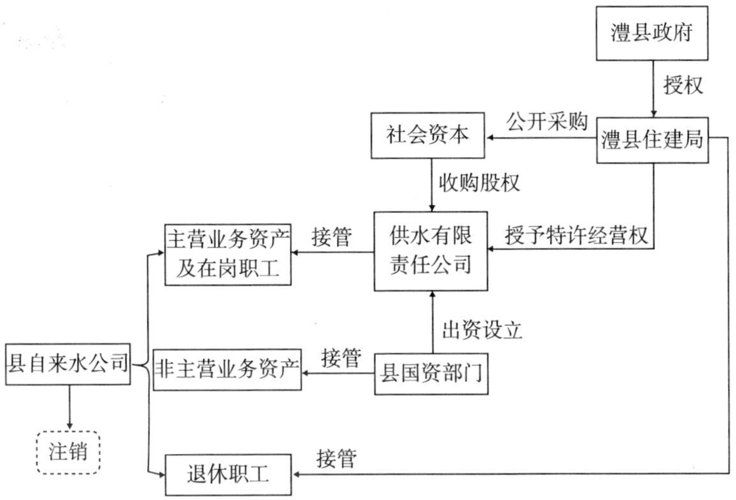

图 5–3　存量主营业务资产股权转让

制图：笔者根据公开资料及观察绘制。

具体说明如下：

1. 县政府负责组织对县自来水公司的改制工作，注销现有的县自来水公司，由县国资中心出资成立供水有限责任公司（称“项目公司”）。

2. 由项目公司接管原县自来水公司的经营性资产和在岗职工，由县政府授予项目公司特许经营权。引进社会资本进入项目公司，解除在岗职工的原有劳动合同关系，按国家规定给予补偿金。

3. 由县国资中心接管原县自来水公司的非经营性资产，由县住建局接管改制前的退休职工。

4. 项目公司转让 65% 的股权给社会资本方，由社会资本方控股，在项目合作期内负责项目公司的日常运营与维护并承担相应的职能。

（三）资产权属

澧县城区供水及管网 PPP 项目在项目合作期内由项目公司负责建设（改造及新建工程）、运营、维护。项目公司仅享有项目投融资所形成资产的使用权和收益权，项目及其附属设施等各项有形及无形资产的所有权和处置权仍归县政府所有。项目公司不得转让、抵押其用于项目的土地使用权，且项目合作期满后须无偿移交给政府方。股权转让范围内的全部资产及后续新增改扩建形成的资产按会计准则中直线法进行折旧摊销，项目合作期满未摊销完成的，在项目合作期满时按未折旧摊销完成的账面净值有偿移交，其余资产无偿移交。

（四）具体运作方式

澧县城区供水及管网 PPP 项目采用 TOT（移交－运营－移交，标的为县自来水公司存量经营性资产，具体体现为收购股权）+BOT（建设－运营－移交，标的物为新建第二地表水厂全部资产）的方法具体运作项目。项目主要运作结构示意图：

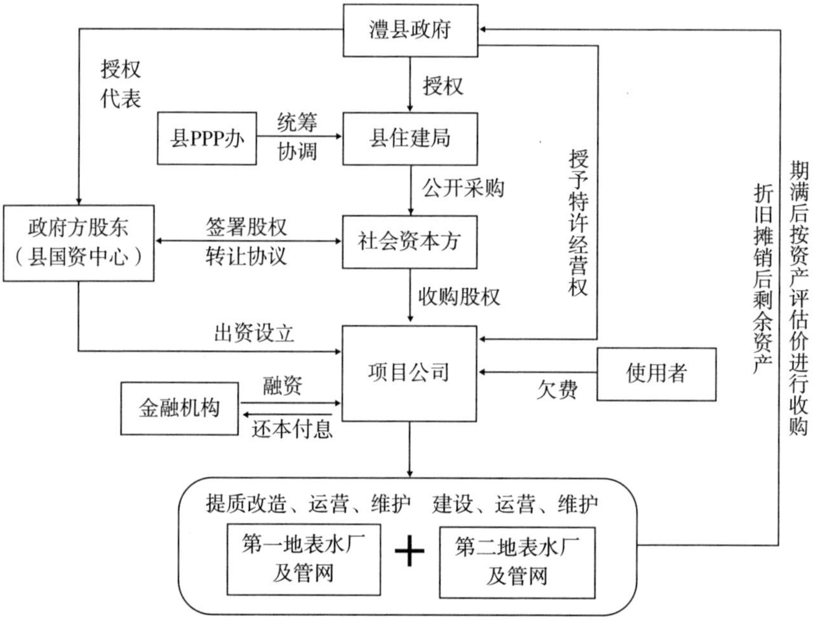

图 5–4 项目运作结构

制图：笔者根据公开资料及观察绘制。

具体说明如下：

1. 澧县人民政府授权澧县住房和城乡建设局（称“县住建局”）为项目法定实施机构，负责《PPP 合同》的签署与执行。由澧县 PPP 项目领导小组办公室负责项目的统筹与协调；

2. 澧县人民政府授权县国资中心作为政府方股东代表。社会资本方中标后，县住建局与中标社会资本方及政府方股东先签署《PPP 合同》。中标的社会资本与县国资中心签订《股权转让协议》，按招标时确定的股权收购价格收购项目公司 65% 的股权。项目公司股权转让完成后，由县住建局、项目公司及项目公司股东签署《PPP 合同的补充协议》。

3. 项目公司股东按股权比例投资建设、运营维护、承担风险及分享收益分红（超额收益除外）；在项目合作期内，项目公司拥有项目的特许经营权，由项目公司负责对本项目进行投资、融资、设计、建设和运营维护。股权转让范围内的全部资产及后续新增改扩建形成的资产按会计准则中直线法进行折旧摊销，项目合作期满未摊销完成的，在项目合作期满时按未折旧摊销完成的账面净值有偿移交，其余资产无偿移交。

4. 项目运营期内，项目公司通过“使用者付费”的方式收回投资并获得回报。

5. 在融资方面，由项目公司负责与金融机构签署《融资合同》，中标的社会资本为融资提供信用支持。

三、项目交易结构

（一）项目投融资结构

1. 项目资本金：澧县城区供水及管网 PPP 项目资本金为 17775 万元（含改建及新建工程静态总投资 3.0342 亿元的 30% 和存量主营业务资产 8620 万元）。

2. 股权结构：项目公司中社会资本占股 65%，政府方股东占股 35%。

3. 投资资金来源：项目的投资资金来源于项目资本金和融资等。

（二）回报机制

澧县城区供水及管网 PPP 项目采用“使用者付费”的回报机制。项目公司的收益为经营性收入，即项目公司收取的自来水费。项目公司向用户收取的自来水费以县发改局审批且听证通过的价格为准。项目公司满足合同约定的义务及绩效考核但其收益不能达到预定收益时，政府方也不提供任何财政补贴，同时政府亦无任何保证水价调整听证通过某一价格或保证某一特定水量的义务（即政府不以任何方式承担补贴责任）；项目公司若有绩效考核不合格或其他违约行为，政府按相关法律法规及合同约定处理。

四、借鉴价值

澧县城区供水及管网PPP项目通过向社会资本转让国有公司部分股权方式实现了政府和社会资本合作，推进了市政公用事业体制改革。

（一）转变政府职能，建设服务型政府。政府和社会资本方合作后，有助于转变政府职能，优化政府公共服务。政府从基础设施公共服务的提供者转变为监管者，是政府职能的重要体现，通过设置绩效考核机制，实现对项目公共服务质量的把控。

（二）盘活存量资产，降低政府债务压力。项目总投资4亿元，在传统的建设模式下，政府短期资金支出较大，通过采用PPP模式，引进社会资本，盘活国有资产，化解存量债务，拓宽渠道，缓解政府债务及短期投资压力。

（三）提高项目效率，降低政府投资风险。项目采用PPP模式，引入在供水领域具有先进技术和丰富运营经验的社会资本，有助于提高城市供水的效率和效益。政府和社会资本方充分发挥自身优势，承担相应责任，使风险分配更合理，有效降低了政府的投资风险。

歧途与纠偏

近四年来PPP呈现“大干快上”的态势。财政部PPP中心发布的最新数据显示，截至2017年末，全国PPP综合信息平台收录管理库和储备清单 PPP 项目共 14424 个，总投资额 18.2 万亿元，同比上年度末分别增加 3164 个、4.7 万亿元，增幅分别为 28.1%、34.8%。但部分 PPP 项目走上了与初衷相违的道路。

所有走歪的 PPP，几乎都源于观念错误，参与各方还是习惯于把这种新模式看作是一种单纯的创新融资方式，违背了 PPP“风险共担、收益共享”的原则，所以才会出现了较多的明股实债、固定回报、政府回购承诺等现象，不愿意按照股权投资的方式参与存续期十几年的 PPP，只想让投进去的资金早日以固定回报退出。

有关专家指出，关于选择合适的社会资本方，不妨从“三原则、三层次、三标准和一区别”的角度思考：“三原则”即合规、合神、合理原则，合规原则要符合有关法律法规的要求；合神原则要符合 PPP 的基本精神；合理原则要符合基本常识和常理，不能让铁匠去绣花。“三层次”即是否能够做社会资本方、是否能够做合格的社会资本方、是否能够做优秀的社会资本方。“三标准”即能力、制度、实效标准。能力标准包括融资、建设、运营、创新、技术等各种能力；制度标准，要有约束社会资本方的严格制度，合格的社会资本方是制度约束出来的，而不是学雷锋学出来的；实效标准，实践是检验真理的唯一标准，优秀的社会资本方是在市场竞争中拼出来的。“一区别”即社会资本方与项目公司的区别，二者可能重合，也可能分离，重点是考察项目公司的履约能力。在严格约定由项目公司承担相应责任的情况下，是否允许其服务外包，是一个值得认真研究的问题。不一定要求项目公司是全能型选手，只要它能承担责任，就可以是一个合格的社会资本方。“只有以此方能行稳致远，不能操之过急，维护并深化目前来之不易的良好的 PPP 发展局面。”

学者武威认为，完善 PPP 政策管理体系任重道远。当前的工作除了继续推动 PPP 的同时，应当注意纠偏固正，一旦偏差的风潮形成，其巨大的惯性会严重危害 PPP 事业的健康发展。并且应当加强 PPP 项目前期工作的要求，如果从政策各方面对于 PPP 方案合同的前期工作制定强制的质量标准，能够给它留下充足的时间，对于后续项目的规范化就会有很大的帮助。

学者刘世坚表示，顶层设计需要接地气，对于城投、对于BT，对于与之类似的旧有路径，摆脱不合理的路径依赖是一方面，但是不能寄希望于一刀切和一步到位。

财政部相关人士在多个场合提到，要按照风险共担、利益共享、物有所值、绩效导向的原则，在项目入库、前期论证、政府采购、预算管理、绩效监管、信息公开等方面，不折不扣地执行有关规定，坚持做规范的PPP项目。

一是要严控“红线”。要强化财政承受能力论证10%“红线”的硬性约束，统一执行口径，加强信息公开。所有项目都必须在PPP综合信息平台中，及时公开财政承受能力论证报告及有关数据。未按规定公开的，要从项目库中清退。各地要建立PPP项目财政支出责任统计监测体系，中央财政和省级财政对接近或超出10%红线的地区，要进行风险预警。

二是要守住“底线”。要落实财预〔2017〕50号文要求，严禁各类借PPP变相举债的行为。要审慎开展完全政府付费的项目。对于不包含运营内容、无绩效考核机制、社会资本不实际承担项目建设运营风险的项目，不得安排财政资金。

三是要搭好“天线”。要全面了解掌握本地区PPP项目总体情况，对于项目总量、财政支出责任总额及占比、规范实施情况等，做到“心中有数”。这里的项目不仅包括入库项目，也要包括未入库的项目，真正做到全口径统计。

四是要明确“界线”。对于不属于公共服务的纯商业化项目，以及仅涉及建设、无运营内容的纯工程项目，要准确界定，从识别、论证、入库等环节严格把关，不能继续任由其打着PPP的旗号“混淆视听”。

如果说2016年是PPP的启动年，2017年是扩张年，那么2018年则是 PPP 的规范年。目前，中央各部门对于 PPP 的入库门槛、融资渠道和央企参与等方面的政策取向发生了重大转变，主要体现在 2017 年 11 月时出台的以下三个关键政策文件：

财政部出台《关于规范政府和社会资本合作（PPP）综合信息平台项目库管理的通知》（财政部 92 号文），要求“进一步规范政府和社会资本合作（PPP）项目运作，防止 PPP 异化为新的融资平台，坚决遏制隐性债务风险增量”。为此，该文件提出“按效付费机制”等严格的入库标准，并对“违法违规举债担保”等已入库项目进行清理整顿。此文件的主要目标是对地方政府通过 PPP 项目变相举债的行为加强监管。

一行三会联合发布《关于规范金融机构资产管理业务的指导意见（征求意见稿）》，仍将从根本上限制 PPP 资本金融资渠道和后续资金安排的进度，对落地和未签约的项目产生极大影响。

国资委印发《关于加强中央企业 PPP 业务风险管控的通知》（国资委 192 号文），对于央企参与 PPP 项目的规模、范围进行了严格规定，要求“纳入中央企业债务风险管控范围的企业集团，累计对 PPP 项目的净投资原则上不得超过上一年度集团合并净资产的 50%”，同时“资产负债率高于 85% 或近 2 年连续亏损的子企业不得单独投资 PPP 项目”。

由此可见，2018 年中央和各部门清理整顿 PPP、防控 PPP 带来的地方债务风险和金融风险已势在必行。“其实，规范 PPP 是为了使其走得更远”，媒体如此报道。

PPP 再出发：守正与创新

2018 年 2 月，财政部官方网站发布了《财政部关于公布第四批政府和社会资本合作示范项目名单的通知》（财金〔2018〕8 号），财政部 PPP

中心配套发布了《第四批示范项目分析报告》《在规范中引领 PPP 稳步发展——财政部公布第四批 PPP 示范项目》《中国第四批 PPP 示范项目出炉记：396 个示范项目，投资总额 7588.44 亿元》《第四批 PPP 示范项目评审专家名单》等四份解释文件，第四批示范项目终于“千呼万唤始出来”，这是在 PPP 模式得到规范、PPP 项目融资遇冷等负面因素影响的大背景下，基础设施和公共服务领域改革将持续推进，PPP 模式将继续保持持续健康发展势头的强心剂，这是在中国特色社会主义迈入新时代的宏观背景下，PPP 模式发展进入新阶段的号角。

深入剖析第四批示范项目内涵，结合当前政治、经济、社会、金融发展大环境，笔者认为，PPP 最终还是要聚焦到“做真 PPP”和“真做 PPP”上来。做“真 PPP”主要形式要件的问题，包括周期是否太短、是否有固定回报嫌疑、是否明股实债、是否流程规范、是不是政府在变相融资等等，这些内容逐渐通过政策在进行规范，立法工作的深入开展也会对形式上如何辨别真假。“真做 PPP”主要是要在目的、宗旨等层面，真正理解 PPP 的精神，做出符合 PPP 要义的项目出来，在态度上、程序上和实施层面合法，真正体现“专业的人做专业的事”“盈利但不暴利”，以及建立长期合作伙伴关系，而不是把 PPP 当作实现建设目的的形式工具。

盘活存量。存量基础设施资产引入 PPP 模式对提高公共服务效率和地方政府去杠杆意义重大，由于风险更小、回报机制更清晰，存量资产对社会资本吸引力也更大。积极鼓励通过移交—运营—移交（TOT）、改扩建—运营—移交（ROT）等方式，将边界条件明确、商业模式清晰、现金流稳定的优质存量基础设施资产，择优转让社会资本方，规范有序盘活基础设施优质存量资产，形成资产变资金、资金变资本的可持续投融资模式，回收资金主要用于新的基础设施、公用事业建设。积极支持 PPP 项目资产证券化、发行 PPP 项目专项债等方式开展市场化融资，提高资产流动性，拓宽资金来源。

做优增量。要重点推动实施以使用者付费为主的投资回报机制清晰和有稳定现金流的交通、水利、环保、重大市政工程等领域的特许经营项目，审慎开展完全依赖财政支出的政府付费类项目，降低 PPP 项目对政府付费的依赖。要鼓励商业模式创新和技术创新，充分发掘项目的经营性潜力。加大基础设施和公用事业领域开放力度，选择回报机制明确、运营收益潜力大、前期工作成熟的 PPP 项目向民企推介，激发民间投资新活力、新动力。

改革的道路总要披荆斩棘，PPP 模式的发展也在不断规范中破浪前行。作为支撑新型城镇化建设的重要改革举措，PPP 模式历经了冷清、火热、规范的跌宕发展阶段。第四批示范项目的推出，标志着 PPP 再出发，回归到守正与创新的“新常态”。

延伸阅读：做真 PPP

全国人大代表、湖南省衡阳市委书记郑建新：地方政府要做真正的 PPP

罗　燕

财政部数据显示，截至 2017 年末，全国地方政府债务余额 16.47 万亿元，控制在全国人大批准的限额之内。

地方政府债务风险总体可控，但也存在一些隐患。比如，一些地方政府通过融资平台公司、政府和社会资本合作（PPP）、政府购买服务等方式变相举债，形成隐性债务风险。

“谁的孩子谁抱走”，地方政府要对自己的债务负责任。那么，地方政府如何防范化解地方债务风险？《民生周刊》记者专访了全国人大代表、湖南省衡阳市委书记郑建新。

摸清家底

“地方债务风险防控确实要引起高度重视。”郑建新说，他曾在财政系统工作近20年，对此十分了解。

一般而言，广义的地方政府债务主要包括两部分，一是政府机构的债务，包括政府机关和事业单位的债务；二是地方政府所管辖的平台公司、国有企业的债务。

郑建新提出，防范化解地方债务风险，首先要摸清家底。

“比如衡阳市的政府债务，我们就必须通过深入调查，做到心中有数。一方面，要搞清楚纯粹的政府债务情况，分别弄清楚全部由政府偿还的债务有多少，政府负有一定担保责任的债务有多少，政府负有一定偿还责任的债务有多少；另一方面，要搞清楚各平台公司的债务。”

据了解，衡阳市的负债率并不高，运行于绿色安全区，但市委市政府仍然高度重视，着力防患于未然，仍把防范金融和政府性债务风险作为2018年的主要工作任务之一。

严控政府举债

2018年政府工作报告提出，防范化解地方政府债务风险，严禁各类违法违规举债、担保等行为。省级政府对本辖区债务负总责，省级以下地方政府各负其责，积极稳妥处置存量债务。健全规范地方政府举债融资机制。

根据报告，遏制债务的增量、化解债务的存量，是防控、化解地方债务风险的主要措施。具体到地方，各级政府应该如何着手？

郑建新建议，要严控地方政府债务。

第一，地方财政等部门必须依法依规举债。市级财政部门不能发行国债，只能通过中央授权给省级财政部门通过国债发行来帮助举债。除国债之外，外国政府贷款、国际金融组织及金融机构赠款是可以要的。

除此之外，政府一律不得向银行和其他机构募集资金。“以前，有些地方政府筹集资金就是大家凑钱，这个 10%，那个 15%，以后绝对不允许。”郑建新说。

第二，要严格控制政府尤其是财政部门对平台公司及其他机构担保承诺、出具安慰函。

企业要贷款，政府出具承诺、担保或安慰函，是违反预算法的，要严格禁止。要抓紧清理部分地方政府已经出具的承诺、担保和安慰函。

“要厘清地方政府的责任，不是政府应该承担的责任政府就不能承担，应该由市场办的事项就要更多更好地交给市场。”

第三，事业单位，如教育、卫生机构举债，必须报经同级政府财政部门审定。

“一看有多少债务率，二看这个项目有没有收益、有没有还债能力。比如学校、医院有收费，有偿还可能性，负债也不是很高的，可以批准。如果一个单位已经背负很多债务，还想继续借，那就不可以。”郑建新说。

另外，要严格管控平台公司借贷，平台公司除了发行公司债，一律不得向金融机构借贷资金。

发行公司债，要经过发改委部门、财政部门审核，负债率超过 70% 的，一律不允许再行发债。

做真正的 PPP

目前，很多地方的平台公司，相互之间存在无序竞争、同业竞争、同质竞争现象，推升了融资成本。

郑建新建议，平台公司要逐步整合，走向市场化。有些平台公司，通过市场作用的发挥，可以跟市场公司合并，资产、债务、人员都并过去，就逐步消化掉了。

他以衡阳为例，衡阳现在有7家平台公司，以后要科学整合，在让平台公司做强做大的同时，努力降低融资成本。

另外，他提出，平台公司要进行资产清理，有序处理土地等可控资产，逐步偿还银行贷款，降低负债率。

但是，平台公司如果不能借贷，那怎么很好地参与地方基础设施建设？“要做真正的PPP。”郑建新表示。

很多金融专家认为，不规范的PPP项目是地方隐性债务的重要来源，反而会增加地方政府债务风险。

什么是真正的PPP？

郑建新解释，真正的PPP是有现金流的，有可以创收的资产，有比较稳定的收益。比如污水处理、垃圾处理、供水、供气、地下综合管廊、海绵城市这样的项目，建成后就有收益，有现金流。

这些项目通过ppp模式来建设，既能降低政府债务风险，又能减轻地方政府的财政支出压力。

（原载人民日报社《民生周刊》，2018年3月21日）

第六章

资产证券化寻路

地方政府的市政资产如何进行资产证券化，产品如何设计，如何确保稳定的现金流，如何建立规范的市场，如何规避风险，是化解地方政府债务风险和实现地方政府可持续融资的关键之一。资产证券化是将缺乏流动性但具有未来预期收入的资产，通过在资本市场上发行证券的方式来出售，将“未来的钱”变成“现在的钱”。

而 PPP 资产证券化的推行，由国家发改委、财政部联合相关监融监管部门推动。截至 2017 年末，纲领性的文件有国家发改委在 2016 年 12 月发布的《关于推进传统基础设施领域政府和社会资本合作（PPP）项目资产证券化相关工作的通知》（2698 号文），2017 年 6 月财政部联合央行、证监会发布的《关于规范开展政府和社会资本合作项目资产证券化有关事宜的通知》（55 号文）。

PPP 资产证券化，目前上演着“冰与火之歌”。一方面是概念的火热，一方面是落地过程仍有许多问题待解。

当 PPP 遇上资产证券化

什么是资产证券化

资产证券化是指企业或金融机构将能够产生可预期现金流的资产打包、组合形成基础资产，出售给特殊目的载体（SPV），SPV 再以该基础资产产生的现金流为支持发行证券产品，并出售给投资者的过程。相应地，此类证券产品被称为资产支持证券（ABS，Asset-Backed Security）。资产证券化的两大特点：一是基础资产能产生可预期的稳定现金流；二是通过 SPV 建立风险隔离机制。

由于 SPV 的设计，资产证券化可视为表外融资，进而增强资产流动性，优化资产结构。

一般来说，进行资产证券化的过程包括：设立 SPV，将选定的基础资产打包并转移给 SPV；SPV 设计交易结构，进行信用增级和信用评级；发行和销售，即 SPV 在中介机构的帮助下，将产品在相应机构备案、选择交易场所并发行出售；由发行人或其委托的资产服务商负责基础资产现金流的回收和分配，主要用以归还投资者的本金和利息，剩余部分则作为发起人的收益。

一个资产证券化交易的典型交易结构图，可以看到资产证券化中涉及的主体主要包括融资方（原始权益人 / 发起人）、资产管理机构、证券承销机构、信用增级机构、信用评级机构、资金托管机构、资产评估机构、投资者等。

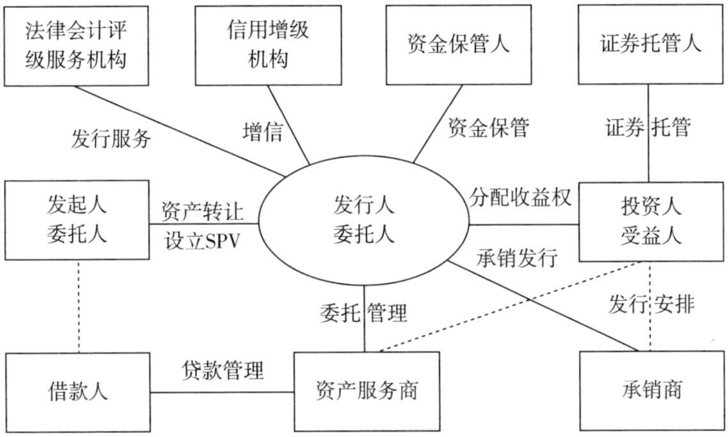

图 6–1　资产证券化业务基本交易结构示意图

制图：笔者根据公开资料及观察绘制。

2014 年底，启用备案制后，资产证券化进入发展高峰期。目前，按照主管部门的不同，国内一般将资产证券化分为四种模式：央行和银监会主管的金融机构信贷资产证券化（信贷 ABS 或银行 ABS），证监会主管的非金融企业专项资产证券化（企业 ABS），交易商协会主管的非金融企业资产支持票据（ABN），保监会主管的保险资产管理公司项目资产支持计划。

表 6–1　中国资产证券化四种模式对比分析

分类	信贷资产证券化	企业资产证券化	资产支持票据	资产支持计划
主管部门	央行、银监会	证监会	银行间交易商协会	保监会
审核方式	备案制	备案制	注册制	注册制
发起人	银行业金融机构	非金融企业及部分金融企业	非金融企业	未明确规定
管理人	信托公司	证券公司 / 基金子公司	视特殊目的载体类别而定	保险资产管理公司
投资人	银行间市场投资者	合格投资者	银行间市场所有投资人 / 特定机构投资人	未明确规定
基础资产	银行信贷资产	负面清单制	产生可预测现金流的财产、财产权利或财产和财产权利的组合	直接产生独立、可持续现金流的财产、财产权利或组合
特殊目的载体	特殊目的信托	证券公司 / 基金子公司资产支持专项计划	无强制要求	项目资产支持计划
登记托管机构	中债登	中证登	上海清算所	具备托管资质的托管人
交易场所	银行间债券市场	证券交易所、证券业协会机构间报价与服务系统、证券公司柜台市场	银行间债券市场	未明确规定

制表：民生证券研究院整理。

和其他证券产品一样，资产证券化产品也有信用风险、降级风险、利率风险、流动性风险等等，只是在程度上和其他类别的证券有所差异。除此之外，还有提前偿付风险、产权风险和交易参与方（发起人，服务商或信托等）风险等，这就需要合约发挥作用。

从现在交易所和银行间市场上的 ABS 产品来看，城市建设领域的资产证券化已有多年存续，例如银行发行的对基建信贷资产证券化，公路收费权、市政供暖、污水处理收费为基础资产的证券化等。这些项目不一定是入库的 PPP 项目，但却因付费产生稳定的现金流。

以公路收费类项目为例，它以公路收费收益权作为基础资产，此类别的资产证券化（ABS）产品始终是市场上的热点，我国资产证券化开闸以来的第二单产品就是东莞控股于 2005 年 12 月发起设立的莞深高速公路收费收益权专项资产管理计划。

截至 2017 年末，已陆续有超过 15 单收费公路 ABS 产品成功发行，发行金额超过 270 亿元。

从已发行的情况来看，收费公路类 ABS 产品具有如下特点：融资规模大，发行年限长；证券偿付来源均为车辆通行费；与基础资产相关的风险较多；法律变动及适用的风险较高。

PPP 项目试行资产证券化

PPP 资产证券化，与一般的项目资产证券化在基本原理和操作流程方面基本相同，但是首先，是满足政策条件的 PPP 项目。

2016 年 5 月，中国证监会网站公告《资产证券化监管问答（一）》，指出政府与社会资本合作（PPP）项目开展资产证券化，原则上需为纳入财政部 PPP 示范项目名单、国家发展改革委 PPP 推介项目库或财政部公布的 PPP 项目库的项目；PPP 项目现金流可来源于有明确依据的政府付费、使用者付费、政府补贴等；其中涉及的政府支出或补贴应当纳入年度预算、中期财政规划。

2016 年 12 月，发改委与证监会联合发布的 2698 号文，则明确重点推动资产证券化的 PPP 项目范围：一是项目已严格履行审查审批程序，并签订规范有效的 PPP 项目合同；二是项目能持续安全稳定运营，项目履约能力较强；三是项目已建成并正常运营 2 年以上，已产生持续、稳定的现金流；四是原始权益人信用稳健，具有持续经营能力。在要求各省级发改委推荐优质 PPP 项目开展资产证券化示范工作时，要求应当优先选取主要社会资本参与方为行业龙头企业，处于市场发育程度高、政府负债水平低、社会资本相对充裕的地区，符合国家发展战略的优先鼓励。

表 6-2　财政部与发改委 PPP 资产证券化比较

项目	财政部 PPP 资产证券化	发改委 PPP 资产证券化
基础资产	收益权、债权、股权	未明确规定，目前均为收益权
发起主体	项目公司、项目公司股东、债权人等相关主体	未明确规定，目前均为项目公司
筛选标准	PPP 项目应当运作规范、权属清晰，建设期和运营期均可，发起人落实融资方案，前期融资实际到账	符合四项条件：严格履行审批程序、工程质量符合相关标准、项目正常运营 2 年以上（只能是运营期）、原始权益人信用稳健等
优先项目	水务、环境保护、交通运输等市场化程度较高、公共服务需求稳定、现金流可预测性较强的行业； 政府偿付能力较好、信用水平较高，并严格履行 PPP 项目财政管理要求的地区； 符合雄安新区和京津冀协同发展、"一带一路"、长江经济带等国家战略； 作为项目公司控股股东的行业龙头企业。	主要社会资本参与方为行业龙头企业，处于市场发育程度高、政府负债水平低、社会资本相对充裕的地区，具有稳定投资收益和良好社会效益的优质 PPP 项目； "一带一路"建设、京津冀协同发展、长江经济带建设，以及新一轮东北地区等老工业基地振兴等国家发展战略的项目。
证券品种	资产支持专项计划，资产支持票据	资产支持专项计划
审核流程	可以自主向发行主管部门申请，也可由省级财政部门择优推荐；财政部不参与审核，由发行主管部门审核，有绿色通道机制。	项目由省级发改委推荐，发改委审核；交易所方面建立绿色通道，专人负责。

制表：发改投资〔2016〕2698 号，财金〔2017〕55 号，天风证券研究所整理。

2017 年 6 月，财政部、央行、证监会发布的 55 号文中又进一步提出要"严格筛选开展资产证券化的 PPP 项目"，要求 PPP 项目应当运作规范、权属清晰，通过物有所值评价和财政承受能力论证；并对不同主体的发起人（原始权益人）做出分别要求。

2017 年 11 月，财政部颁布了《关于规范政府和社会资本合作（PPP）综合信息平台项目库管理的通知》（财办金〔2017〕92 号），指出未按时足额缴纳项目资本金、以债务性资金充当资本金或由第三方代持社会资本方股份的，将会面临退库风险。

在 2698 号文中，国家发改委要求各省级发改委推荐 1 到 3 个传统基础设施领域 PPP 项目，作为首批拟进行证券化融资的项目候选。2017 年 2 月，发改委公布各地上报的 41 单 PPP 资产证券化项目，其中污水垃圾处理项目 21 单，公路交通项目 11 单，城市供热、园区基础设施、地下综合管廊、公共停车场等项目 7 单，能源项目 2 单。发改委之后向证监会推荐了首批 9 单 PPP 资产证券化产品。最终有 4 单产品通过重重考验，于 3 月获批在上交所和深交所发行。PPP 项目之多表示资产证券化的市场前景之大，但是目前，能够满足前述相关发行要求，或进入绿色通道的项目却不多。

PPP 资产证券化特点

基础资产的特殊性，造成 PPP 资产证券化与一般资产证券化产品的不同。

由于 PPP 项目的特殊性，PPP 资产证券化的基础资产与特许经营权密切相关，但由于国内对特许经营权的受让主体要严格的准入要求，因此 PPP 资产证券化项目的运营管理权和收益权相分离。

PPP 项目资产证券化的基础资产的范围不同。而且不同于一般资产，基金业协会在《资产证券化业务基础资产负面清单指引》中，豁免 PPP 模式下的政府财政补贴亦可作为基础资产。

PPP 项目资产证券化的基础资产的期限更长。目前国内 ABS 产品期限大多在 7 年以内，而 PPP 项目的存续期一般为 10–30 年，目前已落地 PPP ABS 产品都在 10 年以上。

PPP 项目资产证券化中，地方政府或融资平台提供直接增信的难度较大。相比一般类型的资产证券化，PPP 项目资产证券化需要弱化“政府信用兜底”，更关注 PPP 项目本身的现金流产生能力和社会资本方的支持力度。

PPP 融资分为在建阶段（资本金融资）与运营阶段（项目再融资），运营阶段比较容易产生稳定现金流。

由于 PPP 项目在建设阶段需要很大金额的融资资金支持，PPP 项目未来产生的现金流（比如收费收益权或财政补贴）通常会质押（或作为还款来源保障）给前期提供融资支持的金融机构作为增信方式。在运营阶段开展资产证券化业务时，需要考虑现金流的竞合问题，也需要比较资产证券化与其他融资方式的不同优势，很多时候需要提前还款替换之前的融资。

实操路径

若 PPP 项目满足条件，首先是要确定原始收益人。之后，设立 SPV 并进行细致的交易结构与产品设计。根据目前已落地的项目说明书，交易结构与产品设计包括风险隔离机制、优先 / 次级分层、信用触发机制、现金流归集与划转、风险缓释措施等方面。

选定基础资产

PPP 项目资产证券化的基础资产主要有三种类型：收益权资产、债权资产和股权资产。债权资产主要包括 PPP 项目银行贷款、PPP 项目金融租赁债权和企业应收账款 / 委托贷款；股权资产主要是指 PPP 项目公司股权或基金份额所有权。

收益权资产是主要的资产。包括使用者付费模式下的收费收益权、政府付费模式下的财政补贴、“可行性缺口”模式下的收费收益权+财政补贴。

PPP 项目中，不同的合同主体作为资产证券化的原始受益人或发起人时，选择的基础资产也不一样，通常来讲：PPP 项目公司作为原始权益人或发行人，常以收费收益权或财政补贴作为基础资产；商业银行或租赁公司作为发起机构，以 PPP 项目银行贷款或租赁债权作为基础资产；社会资本作为原始权益人或发行人，基础资产类型进一步扩展，可以跳出 PPP 项目本身，以社会资本自身拥有的符合要求的基础资产发行资产证券化产品，募集资金以增资扩股或股东借款方式支持 PPP 项目公司；承 / 分包商作为原始权益人，可以 PPP 项目公司的应收账款或其他类型资产作为基础资产，承 / 分包商获得募集资金后以垫资或委托贷款方式支持 PPP 项目公司。

根据资产证券化的定义及操作流程，确定基础资产，是进行资产证券化的起点和首要问题。按照《资产证券化业务管理规定》，基础资产需符合以下要求：

无权利瑕疵或负担：相关基础资产以及产生该基础资产的相关资产权属应当“独立清晰”，没有为其他资产抵押质押或担保。能够通过相关安排，解除基础资产相关担保负担和其他权利限制的仍可以作为基础资产。

依法可以转让：基础财产能够“真实出售”给特殊目的主体，从而实现风险隔离，这就要求基础资产必须具有可以转让的特性。

性质上为特定化的独立财产或财产权利：这是基础资产的必要法律要求，要求基础资产是特定化的，并独立而不依附于其他财产或财产权利而存在。

但是，很多 PPP 项目在建设初期就会把收费收益权质押给商业银行作为贷款担保，因此项目证券化还需要足额资金解除质押，这些对项目公司而言都存在操作难度。

设立 SPV 与风险隔离机制

资产证券化往往要设置 SPV，以实现风险隔离，即发起人将能产生现金流的资产出售给特殊目的实体（SPV），然后由SPV发行以该现金流为支持的证券化产品。风险隔离有两层含义：一方面，资产的卖方对已出售的资产没有追索权，即使卖方破产，卖方及其债权人也不能对证券化的资产进行追索；另一方面，当资产池出现损失时，投资者的追索权也只限于资产本身，而不能追溯至资产的卖方或原始所有人。风险隔离针对的是发起人与资产的隔离。

SPV一般采用特殊目的公司（SPC）或特殊目的信托（SPT）两种形式，前者的核心是将基础资产“出售”给受托机构，后者的关键是基础资产被“信托”给受托机构，二者都实现了所有权的转移和风险的隔离，是实质上的“真实出售”。

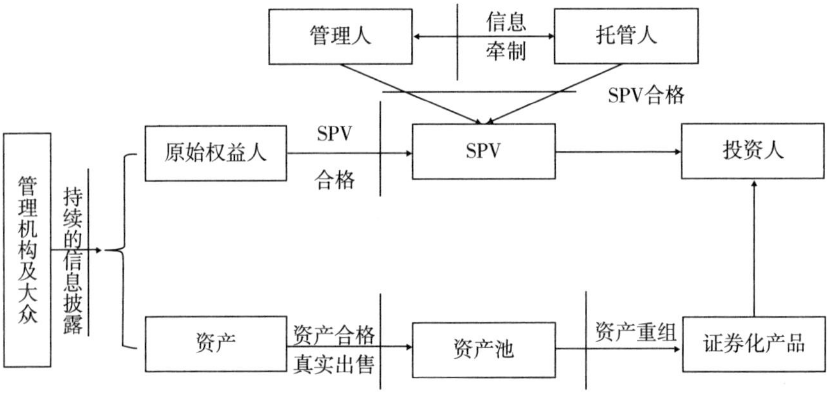

图6–2　资产证券化产品风险隔离分层图

制图：根据现代投资公众号资料及观察整理。

SPV要发挥作用，资产的“真实出售”很重要。在实现“真实出售”的前提下，证券化产品才可以突破发起人的信用和融资条件的限制，对资产增信，以高于发起人的信用评级获得低成本的融资。

但是目前的PPP项目中，“真实出售”难以实现。因为在运营期内，社会资本以特许经营负责PPP项目的运维事宜，承担运营风险，如果“真实出售”，PPP基础合同出现违约时，风险将无人承担。

PPP模式本身的特点决定了破产风险无法得到有效隔离，如果项目的运营方破产，或政府收回PPP项目经营权，资产支持证券将面临不能兑付的风险，通过交易条款设计也较难缓释。

增信与风险缓释

PPP 项目资产证券化的信用增级方式主要有三种：内部信用增级、外部信用增级和混合信用增级。内部增信措施主要是对资产证券化产品进行优先 / 次级分层的结构设计，而外部增信方式用得比较多的是第三方担保、差额补偿承诺、回购承诺及金融产品担保四种。

增信设计，与产品的信用传导机制和风险缓释机制关系密切。信用触发机制是指在资产证券化产品设计中加入相应条款，当出现不利于资产支持证券还本付息的情况时，信用触发机制生效，进而改变现金流支付顺序、提高流转效率、加强基础资产独立性或补充现金流为产品进行增信。

以“华夏幸福固安工业园区新型城镇化 PPP 项目供热收费收益权资产支持专项计划”为例，根据该计划说明书，相关的增信与风险缓释机制的设计如下：

表 6–3　华夏幸福 ABS 增信与其他风险缓释措施一览表

增信措施	具体内容
优先 / 次级结构	专项计划采用优先 / 次级分层结构，优先级资产支持证券持有人的受偿顺序优先于次级资产支持证券持有人。
现金流超额覆盖	每年监管账户中现金流入对优先级资产支持证券本息覆盖倍数均可保持 1.1 倍及以上，能够对优先级资产支持证券本息的偿付提供一定的信用支持。
差额支付承诺	华夏幸福作为差额支付承诺人，将依照《差额支利承诺函》向专项计划支付差额补足款项。
流动性支持	发生下列流动性支持事件之一的，华夏幸福为原始权益人提供流动性支持： （1）原始权益人现金流不足以覆盖运营成本及费用； （2）原始权益人未按《监管协议》将回收款按时足额划付至监管账户； （3）出现计划管理人合理判断认为原始权益人已发生运营困难的其他情形。
担保机制	华夏幸福作为保证人，将按照《保证合同》的条款与条件，对原始权益人在购回优先级资产支持证券时所需支付的款项提供连带责任保证。

制表：笔者根据公开资料绘制。

期限和利率设计

PPP 项目的周期长，经营期大部分在 10–30 年，原则上不能低于 10 年。

而资产证券化产品的存续期限一般在 5 年以内，很少有超过 7 年的资产证券化产品。因此，单个资产证券化产品期限覆盖 PPP 项目的全生命周期。

通常情况下，一个证券化项目会进行结构化的分级设计，设立多个证券产品，在产品到期日上也会有所递增，比如 5+3+3+3，从而拉长融资期限。产品分级通常约定一定时间后开放回售机制，投资人有权选择回售相关产品。

利率方面，一般通过簿记建档确定。但由于期限长，往往会在一定的产品到期后，对后面的产品开放利率浮动。

但是，很多优质的 PPP 项目都能获得政策性银行或商业银行较低利率的中长期贷款，这样资产证券化在成本上就不占优势。而 PPP 的投资盈利又普遍不太高，若出现严重倒挂的情况，未来会对产品的发行造成实质性的影响。

发行与销售

不同产品有不同的发行销售规则，承销商、备案部门、交易场所等亦有不同。

典型案例

中信建投－网新建投庆春路隧道 PPP 项目资产支持专项

杭州庆春路过江隧道 BOT 项目介绍

2007 年 7 月，杭州市庆春路过江隧道 BOT 项目合同签订。该隧道素有“钱江第一隧”之称，是由浙大网新建设投资集团有限公司（以下简称“网新建投”）自主投资、建设、运营。项目总投资为14.32亿元，建设期为3年，运营期20年，共计23年，已于2010年12月建成通车，特许经营期截至2030年底。在运营期内，杭州市政府每年以专营补贴方式支付给网新建投下设的杭州庆春路过江隧道有限公司（以下简称“隧道公司”）。隧道公司拥有杭州庆春路隧道的特许专营权，包括隧道冠名权及电力、电信管线经营权和隧道建设用地范围内的广告经营权。

PPP项目资产支持专项计划基本情况

该PPP项目资产支持专项计划4月11日在上海证券交易所挂牌上市，项目发起方是浙大网新建设投资集团有限公司，产品结构为：优先A档，期限14年，规模7亿，利率4.05%；优先B档，期限14年，规模4亿，利率4.15%。次级，期限14年，规模0.58亿。

社会资本方基本情况

社会资本方网新建投的资产规模是40多亿元，在庆春路隧道PPP项目投入了14.32亿元，其中3.58亿元是公司出的注册资本金，剩余的是银行贷款，利率为4.41%，需要20年才能逐步收回投资。PPP项目投资规模大、回收期长的特点对于网新建投的制约作用明显，资本金如不收回，难以继续投入到新的PPP项目当中。

PPP项目资产证券化流程

1. 收费收益权转移。项目公司将基础资产庆春路隧道的收费收益权，转移给“中信建投－网新建投庆春路隧道PPP项目资产支持专项计划”。

2. 募集资金。向资本市场的投资者发行资产支持计划、募集资金。

3. 项目公司收到资金。投资者认购该ABS产品之后，认购资金交由项目公司；

4.资金的使用。项目公司将筹集来的资金偿还银行贷款和收回自有资金。

社会资本方网新建投发行 ABS 产品的收益

1.赚取稍许差价

发行 ABS 产品价格 4.05% 和 4.15%，低于银行贷款价格 4.41%，发行费用在 170 万左右（按照一般规律，融资金额的 0.15% 左右计算）。粗略计算，网新建投通过发行 ABS 产品赚取大概 180 万左右，盈利空间有限。（粗略计算公式：（4.41%−4.05%）×7 亿 +（4.41%−4.15%）×4 亿 − 发行费用

2.提前收回自有资金

网新建投融资 11.58 亿元后，其中一部分用于收回其 3.58 亿元的自有资金，剩余的偿还银行贷款。

虽然目前 PPP 项目资产证券化面临着一些问题，但通过分析可以看出，“PPP+ABS”对于破解项目融资难、丰富退出机制等具有重要意义。随着法律法规的进一步完善和市场实践的进一步探索，PPP 与 ABS 必将更好的结合，促进 PPP 的发展。

解码“PPP+ABS”

“如果有一个稳定的现金流，就将它证券化。”这句华尔街名言，正在中国资本市场越来越多地成为现实。公开数据显示，2017 年，国内 ABS（资产证券化）发行规模达 1.52 万亿元，同比增长 67.95%。中国资产证券化研究院提供的信息显示，2017 年国内有使用者付费机制的存量经济类基础设施资产，按重置成本法保守估计超过 100 万亿元，其中相当一部分可以通过资产证券化方式盘活。

表 6–4　PPP 资产证券化产品系列

PPP 资产证券化产品	发行时间	原始收益人 / 资产服务方	交易所	计划管理人	担保方	发行规模	基础资产	发行期限	发行利率	优先级信用评级
太平洋证券新水源污水处理服务收费收益权资产支持专项计划	2017 年 2 月		机构间私募产品报价与服务系统			总规模 8.4 亿，优先级 8 亿	向乌鲁木齐市水务局收取污水处理服务费及其他应付款项的收费收益权			AA +
中信证券 – 首创股份污水处理 PPP 项目收费收益权资产支持证券	2017 年 3 月		上交所	中信证券	首创股份	总规模 5.3 亿，优先级 5 亿	污水处理收费权	18 年	3.7%–4.6%	AAA
华夏幸福固安工业园区新型城镇化 PPP 项目供热收费收益权资产支持证券	2017 年 3 月		上交所		华夏幸福	总规模 7.06 亿，优先级 6.7 亿	供热收费收益权	6 年	3.9%–5.2%	AAA
中信建投 – 网新建投庆春路隧道 PPP 项目	2017 年 3 月		上交所		浙大网新集团	总规模 11.5 亿，优先级 11 亿	庆春路隧道专营权合同债权	14 年	4.06%–4.15%	AAA
广发恒进—广晟东江环保门绿源 PPP 项目资产支持专项计划	2017 年 3 月		深交所		广东再担保	总规模 3.2 亿，优先级 3 亿	污水处理收费收益权	15 年	4.15%	AAA

续表

PPP 资产证券化产品	发行时间	原始收益人 / 资产服务方	交易所	计划管理人	担保方	发行规模	基础资产	发行期限	发行利率	优先级信用评级
华夏幸福固安工业园区新型城镇化 PPP 项目资产支持证券	2017 年 11 月	九通投资	上交所	招商证券		40 亿	三浦威特园区建设发展有限公司（以下简称“三浦威特”）的股权			
仪征技师学院整体迁建 PPP 项目	2017 年 11 月		上交所			总规模 3.8 亿，优先级 3.52 亿	服务费收益权（政府付费）	12 年	5%–6%	
富诚海富通 – 浦发银行 PPP 项目资产支持证券	2017 年 8 月		上交所	富诚海富通资产管理公司		总规模 15.25 亿，优先级 10.54 亿	鞍山市兴业环城大道 PPP 项目经营权收入设定的信托计划收益权（双 SPV 模式）	14 年	4.3%–4.455%	AA+
华西证券 – 川投 PPP 项目资产支持专项计划	2017 年 11 月	川投公司 / 川投航信股权投资基金管理有限公司	深交所			总规模 3 亿	资阳市雁江区停车场 PPP 项目收费权	12 年		
华夏幸福固安新型城镇化资产支持票据	2017 年 8 月	幸福基业物业服务有限公司	银行间市场			2 亿	市政物业收费收益权		4.8%	AAA

制表：笔者根据公开资料整理。

从已经发行的PPP资产证券化项目来看，目前以项目收益权类资产作为基础资产的产品较多，其中市政收费方面的项目较多，且利率较低。股权与债权的资产也有尝试，更多类型的PPP资产证券化仍在探索阶段。

由于发改委政策先行，因此已成功发行的PPP项目，发改委入库项目较多。还有若干发改委、财政部双入库项目，如华夏幸福新型城镇化PPP项目、四川资阳市雁江区停车场PPP项目等。

华夏幸福新型城镇化PPP项目就发行了三个产品：基于供热收费收益权的资产支持证券、基于项目公司股权的资产支持证券、基于物业收费收益权的资产支持票据。

2017年2月，“太平洋证券新水源污水处理服务收费收益权资产支持专项计划”（下称“新水源PPP资产支持专项计划”）在机构间私募产品报价与服务系统（下称“报价系统”）成功发行，成为市场首单落地的PPP资产证券化项目，为国内PPP项目资产证券化的深化发展提供了极强的借鉴意义。

新水源PPP资产支持专项计划发行总规模8.4亿元，采用结构化分层设计，其中优先级8亿元，共分为10档，评级均为AA+；次级0.4亿元。本次专项计划由新疆昆仑新水源科技股份有限公司（下称“新水源公司”）作为发起人并担任特定原始权益人，由太平洋证券股份有限公司担任计划管理人并进行交易安排。基础资产系特定原始权益人新水源公司依据《特许经营协议》在特定期间内因提供污水处理服务产生的向付款方收取污水处理服务费及其他应付款项的收费收益权，污水处理服务费付款方为乌鲁木齐市水务局。

本次纳入基础资产的甘泉堡工业园区污水处理PPP项目隶属于乌鲁木齐昆仑环保集团有限公司PPP项目，是乌鲁木齐市先行尝试的少数PPP项目之一，后者已纳入财政部公布的PPP项目库。

2017年3月，华夏幸福固安工业园区新型城镇化供热PPP项目供热收费收益权资产支持专项计划获上交所核发的无异议函，成为国内首批PPP资产证券化产品之一，这亦是国家发改委和中国证监会首批推荐项目中唯一一个园区PPP项目的资产证券化产品。

该资产支持证券（ABS）由招商证券固定收益总部债券融资部牵头，总规模7.06亿元，总期限为6年。项目采取结构化分层设计，优先级资产支持证券拟募集6.7亿元，共分为6档，均获AAA评级；次级规模0.36亿元。

项目以华夏幸福基业股份有限公司全资子公司——固安九通基业公用事业有限公司，在固安工业园区内未来6年向供热用户收取供热收费的收益权为基础资产，付费方为固安工业园区内企业及居民使用者。专项计划第三年末安排原始权益人利率调整选择权、投资者售回权及原始权益人购回权。同时，上市公司华夏幸福为原始权益人提供流动性支持及售回、购回款项支付义务的连带责任担保，并为优先级证券本息偿付提供差额补足。

2017年11月，四川省资阳市雁江区停车场PPP项目，已获得深交所资产支持证券挂牌条件确认的无异议函，这是全国首单以停车场经营权及收益权为标的物的PPP资产证券化项目，也是财政部、中国人民银行、中国证监会《关于规范开展政府和社会资本合作项目资产证券化有关事宜的通知》（财金〔2017〕55号）文件之后首个获批的PPP资产证券化项目。

该项目由四川省投资集团有限责任公司作为发起人并担任原始权益人，资产服务机构为四川省川投航信股权投资基金管理有限公司，计划管理人和承销机构为华西证券股份有限公司，对应的底层资产为资阳市雁江区停车场PPP项目。

资阳市雁江区以停车场收费权作为标的物，将纳入项目范围的9个停车场的特许经营权转让，为期12年，总规模超过3亿元。这种“转让－运营－移交”的TOT模式能够让政府获得一笔当期的政府非税收入，同时通过社会投资者来提升基础设施运营的质量和效率。

TOT 模式是 PPP 的一种重要的资产盘活途径。四川资阳市雁江区以停车场项目的获批，对于全国 PPP 项目，尤其是停车产业发展将起到积极推动作用。在全国范围内，大部分政府都是城市公共停车资产最大持有人和控制人，因此该模式具备推广价值。

障碍与前路

资产证券化为 PPP 项目提供了融资新方向，但由于 PPP 项目资产证券化尚处于起步阶段，仍存在着诸多障碍。

PPP 项目资产证券化操作细则尚未出台。资产证券化作为盘活 PPP 项目存量资产的重要工具，得到认可。在法律法规方面，有发改委联合证监会出台的 2689 号文、财政部联合央行和证监会出台的 55 号文；银监、保监层面亦有针对不同资产证券化项目的操作规则中提及 PPP。但是 PPP 作为创新投融资的一项重要改革，目前仍缺乏国务院层面的相关的法律法规操作细则。

PPP 项目周期与产品周期不匹配。期限错配表现为两方面：一是结构性问题，运营两年以上、已产生“持续、稳定的现金流”的项目多在运营阶段，而建设期对资金的需求更为急迫，此阶段由于无法产生现金流而难以进行资产证券化；另一方面，则是项目周期与融资周期的错配。

PPP 项目资产证券化产品收益率不高。PPP 项目多为长期微利项目，投资收益率并不高，多为 6%–8%，且随着经济下行压力加剧，未来可能仍有一定的下行空间。基于此，PPP 项目资产证券化产品的收益水平自然不会太高。

PPP 优质项目证券化发行意愿不足。目前能够进行资产证券化的 PPP

项目往往要求较高，但是有稳定现金流的、优质的PPP项目往往能够以较低的息费获得银行的抵押贷款，证券化产品融资不一定具有成本优势，发行意愿不高。而对于次优项目而言，其融资成本甚至可能会接近于项目收益率。

眼下在政策推动下，PPP资产证券化的发行利率都较低，低于市场水平，但是如果放开市场化，那么融资成本或将更高。

延伸阅读：资产证券化再发力

政府工作报告力推资产证券化

李维　杨坪

高层对资产证券化的重视已从“探索”升格为“推进”，功能寄托也从单纯的基础设施融资化身为“去杠杆”的方法之一。该趋势的背后，来自于ABS与国内经济结构紧密的关联。

资产证券化（下称ABS）正在被高层进一步力推。

3月5日的十二届人大五次会议上，国务院总理李克强在政府工作报告的“积极稳妥去杠杆”中，对“推进资产证券化”这一去杠杆路径进行了强调。

我国非金融企业杠杆率较高，这与储蓄率高、以信贷为主的融资结构有关。要在控制总杠杆率的前提下，把降低企业杠杆率作为重中之重。促进企业盘活存量资产，推进资产证券化，支持市场化法治化债转股，加大股权融资力度，强化企业特别是国有企业财务杠杆约束，逐步将企业负债降到合理水平。

值得一提的是，ABS 在去年的两会时也曾出现在政府报告中；但彼时的说法是"'探索'基础设施等资产证券化"。

时隔一年，高层对 ABS 的重视已然从"探索"升格为"推进"，功能寄托也从单纯的基础设施融资化身为"去杠杆"的方法之一。

该趋势的背后，来自于 ABS 与国内经济结构紧密的关联；但与此同时，当前 ABS 的监管分割、规则不统一等问题也被业内人士所关注。

"推进"之因

"目前资产证券化正在不断推进，更多还是有一个盘活存量资产的动作，同时这些变化有利于标准交易产品的生成。如果生成了标准交易产品，就有可能会让一般的投资人也有机会接触这样的资产。"3 月 6 日，东方证券首席经济学家邵宇接受 21 世纪经济报道记者采访时表示，"这是两个方面的想法，一方面是让更多的资产活跃起来，另一方面是在资产的融资上吸引更多的中小投资人的参与。"

从两年来政府报告的描述变化，足以管窥国务院对 ABS 改善国内金融环境寄予了更高的期望。

"去年提 ABS 更多是希望改变融资结构、解决基础设施建设，也就是在地方债务收紧后，ABS 可以结合 PPP 成为一个民间资本介入地方项目融资的途径，当然这个方向今年也没有变，还是在推动"，3 月 6 日上海一家大型投行保代李菲（化名）表示，"但这次升级到'推进'，意味着国内资产类融资占较大比重的情况下，ABS 在给企业去杠杆上也有更广阔的发展空间。"

在业内人士看来，ABS 在政府报告中被强调为"去杠杆"手段，和国内的特殊经济结构有关系。早在 2014 年以前，被寄予"去杠杆"众望的曾是对股权融资的大力发展。

"之前是中小企业证券化，也就是通过多层次资本市场让中小企业上市、挂牌融资，缓解过高的负债率，"北京一家新三板公司董秘表示，

“但实际上这个目标和去杠杆的现实状况是有一定背离的。”

在李菲看来，之所以ABS较股权融资更适合“去杠杆”大势，原因在于国内的经济结构中，需要有去杠杆诉求的更多是重资产企业，而非轻资产企业，两类企业融资结构的特点并不相同。

“实体企业大多有厂房、设备、土地、库存商品等资产，负债经营的特点比较明显，所以过去也一直依赖于银行层面的信贷融资，而表内的资产则是抵质押品，”李菲说，“这类企业往往是去杠杆的主要需求方，相反互联网为代表的轻资产公司并不适合这种融资模式，因为它们没有资产，所以只能走股权的模式。”

实际上，ABS也成为了过去传统银行信贷模式的一种可替代路径。

“从信贷到ABS模式，实际的资产融资结构没有变化，但企业的负债率也降低了，也就达到了降杠杆的目标。”李菲表示。

企业ABS的快速发展也佐证了这一趋势。据华创证券统计，截至2016年12月20日，2016年的企业ABS发行数量达344只，发行规模达4158亿元，为2015年的两倍，且基础资产类型也在不断丰富化。

“就像PPN（非公开定向债务融资工具）市场，ABS的年发行规模早晚会站上万亿元规模之上，”3月6日北京一家中型券商资产证券化负责人强调，“特别是在国务院层面的力推下，还会有更多ABS创新品种和产品问世。”

规则仍需完善

在高层力推预期中，ABS规则的完善成为业内所关注的重点。

在银河证券首席经济学家潘向东看来，当下最重要的仍然是需要不断完善资产证券化的相关法律法规。

“目前资产证券化业务由不同监管部门分类监管，缺乏统一的管理规范，由此导致不同类型机构在开展同类基础的证券化业务时，面临着不同的规范，从而使得资产证券化市场成为因发行人不同、基础资产不同而受不同制度规范的、人为分割的市场。”3月6日潘向东指出。

“关键是打通统一监管，如果能够统一监管，而且能够统一发行标准，割裂这个现象是可以解决的。”邵宇也表示。

此外，当前ABS产品的流动性改善也是制度层面需要供给的红利。

“资产证券化产品自身的流动性较弱，相关产品的信用风险也随着资产证券化市场的扩容而开始显现，”潘向东表示，“对此，需要择机出台资产证券化业务管理办法来统一市场、统一标准、统一规范；尽快完善资产证券化产品的交易和流通机制，引入并培育更多的机构投资者，提升二级市场流动性，增强一、二级市场联动。”

潘向东认为，随着当前经济下行压力加大，叠加“三去一补一降”的宏观经济政策，市场出清加速，信用风险逐步暴露，而资产证券化参与主体逐渐多元化趋势下，更需要加强风险的全面管控。

“需要完善资产证券化业务的风险预警、风险评估和风险防范机制，以此来推动资产证券化市场稳步健康发展。”潘向东说。

（原载《21世纪经济报道》，2017年3月7日）

第七章

地方政府与金融界联姻

在地方政府债务风险的分析中，地方政府与金融界“不正当的关系”被视为肇因之一。但其实地方政府与金融界之间的合作不是太多，而是太少，还有很多合作空间，关键是如何兴利除弊。如果运用得宜，金融界将为地方政府债务的化解和地方政府的可持续融资提供很好的工具和平台。本章将探究金融界可以为地方政府提供哪些可能的工具和平台，比如产业基金、债转股、项目收益权质押等等。

地方政府与金融机构合作小史

从2008年的四万亿刺激计划至今，地方政府的主流融资方式历经平台贷、城投债、非标、地方政府债、政府购买服务等，直至政府和社会资本合作模式（PPP）。地方政府的融资方式在往更可持续、更有效率的方向逐渐优化。

通过城投平台融资

2009年“四万亿”刺激时期，地方政府上马各类投资项目，并通过融资平台大量获取信贷资金。以地方政府融资平台为债务主体的贷款一般被银行归入“租赁和商务服务业”统计口径。

融资平台本质上是为地方政府履行专职融资功能的企业，无明晰主业，所以本质上是空壳公司，但因隐性担保，因此可在市场上举债。由于平台贷成本高、期限短，且融资规模不受财政纪律控制，地方政府的还款压力越来越大，债务风险积聚。

早在2010年，国务院就发布《国务院关于加强地方政府融资平台公司管理有关问题的通知》开始规范融资平台融资，其后银监会也出台一系列文件限制银行向地方政府融资平台投放贷款，但银行资金改为绕道非标不断往融资平台输血。

非标即非标准化债权，包括但不限于信贷资产、信托贷款、委托债权、承兑汇票、信用证、应收账款、各类受（收）益权、带回购条款的股权性融资等。而且往往要经过信托计划，或者类信托计划（券商、基金、保险等的资管计划）包装。非标融资期限更短（往往 1–2 年），利率更高（加入了各种通道费用），使地方政府负债压力更大。

同时，融资平台也加大了城投债券的发行规模。城投债基本上都是由政府财政兜底，因此是收益稳定风险低的“金边债券”。

发行地方政府债券

为缓解地方政府偿债压力和银行平台贷违约风险，2014 年 10 月国务院出台《国务院关于加强地方政府性债务管理的意见》（43 号文），放开了地方政府自主发债的权限和机制。并要求由省级政府发行政府置换债券，置换经审计的存量的地方政府债务。

2015 年以来，地方债务置换工作有序推进，预计将在 2018 年初完成置换。地方政府债券是由省级政府为主体发行的债券，类似西方的市政债券，信用等级较高，也因此利率较低。

此外，由省级政府把关，能够有效控制各县市政府融资总量，严格财政纪律，避免债务失控。但由于牵涉多级政府和多个部门，效率比由各级地方自行融资要低。

鼓励发展 PPP 模式

PPP 模式在保持灵活高效的同时，引入了“风险 – 收益”的合理分担机制，从而避免政府陷入债务泥潭。引入具有投资建设和运营管理经验的社会资本和政府合作开发的 PPP 模式，被推上战略新高点。PPP 模式被寄予厚望，不只是作为新增债务融资的手段，亦作为存量债务化解的手段。

PPP与平台融资、地方债融资的区别在于，它本质上是一种项目融资（融资主体是项目，而不是政府），理论上能够实现风险—收益的各方分担。

金融机构参与PPP项目有两种出资方式，一种是作为社会资本方之一的直接模式，一种是为社会资本方（股东）或项目公司提供融资的间接模式。直接模式中，银行会联合社会资本方共同参与政府项目的招投标，但在实际操作中间接模式更为常见，即社会资本中标后再找银行寻求融资。

PPP一般分为成立、建设、运营、退出四个阶段。每一阶段金融机构作为资金融入方均有多种方式参与。

规范运用政府购买服务

财预87号文要求地方政府严格按照规定范围实施政府购买服务，严格规范政府购买服务预算管理，严禁利用或虚构政府购买服务合同违法违规融资，制止地方政府违法违规举债融资行为。但仍可利用《国务院办公厅关于政府向社会力量购买服务的指导意见》（国办发〔2013〕96号），做好基础设施领域的政府购买服务工作，平滑财政支出，减轻当期财政支出压力。

一是城镇棚户区改造项目。国务院《关于进一步做好城镇棚户区和城乡危房改造及配套基础设施建设有关工作的意见》（国发〔2015〕37号）明确规定：推动政府购买棚改服务，市、县人民政府要公开择优选择棚改实施主体，并与实施主体签订购买棚改服务协议。承接棚改任务及纳入各地区配套建设计划的项目实施主体，可依据政府购买棚改服务协议、特许经营协议等政府与社会资本合作合同进行市场化融资，开发银行等银行业金融机构据此对符合条件的实施主体发放贷款。

二是易地扶贫搬迁项目。国家发改委、国务院扶贫开发领导小组办公室、财政部、国土部、人民银行《关于印发“十三五”时期易地扶贫搬迁工作方案的通知》（发改地区〔2015〕2769 号）提出，结合本地实际，采取政府购买市场服务的形式，确定市场化运作的省级投融资主体作为承贷主体，依据政府购买服务协议进行融资。由市场化运作的省级投融资主体还货，不纳入地方政府债务。

三是农村公路项目。国务院《关于创新农村基础设施投融资体制机制的指导意见》（国办发〔2017〕17 号）明确规定：将农村公路建设、养护、管理机构运行经费及人员基本支出纳入一般公共预算。推广“建养一体化”模式，通过政府购买服务等方式，引入专业企业、社会资本建设和养护农村公路。

融资租赁曲线“输血”

融资租赁 / 金融租赁是一种新型金融服务形式，本质上是以融物的方式达到融资的目的。由承租人（资金需求方）确定购买标的和购买价格，再由出租人（金融租赁公司）购买后将标的物出租给承租人使用，或由承租人将现有设备出售给出租人后将设备回租使用的融资方式。实际操作中有售后回租、转租赁等多种法律形式。

与银行信贷等融资方式相比，融资租赁的限制少、手续简便、决策周期短；租期长，一般 5 年、10 年甚至更长，匹配 PPP 的项目期限；而且资金量大，可提供资金量达几十亿至几百亿；而且资金允许作为资本金，且能保障企业流动资金和新项目的后续建设资金充足；与一般金融租赁和设备租赁相比利率低，全部成本小幅高于 5 年期以上长期贷款基准利率；可将存量经营性固定资产（设备、生产线）转换为货币现金等。

传统的融资租赁平台类业务交易结构为城投公司通过售后回租的方式向租赁公司融资，租赁物为城投公司的管网资产。43 号文之后，融资租赁的交易结构有所变化，通常为学校、医院等通过售后回租向租赁公司融资，同时由政府一级平台为交易提供担保，资金交由当地政府平台使用。由此形成租赁公司曲线“输血”融资平台之可能。

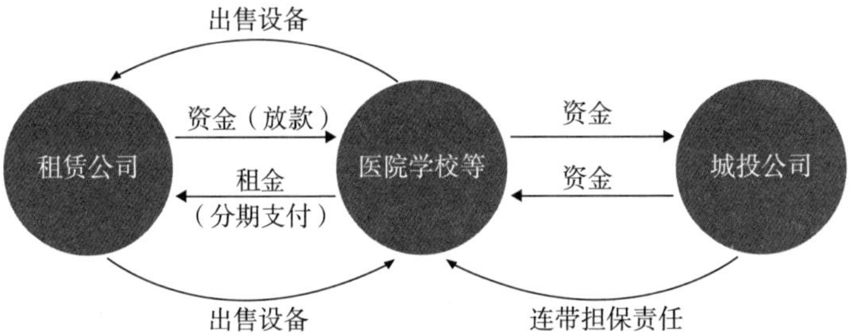

图 7–1　融资租赁平台类业务交易模式

制图：21 世纪经济报道绘制。

国务院办公厅《关于加快融资租赁业务发展的指导意见》（国办发〔2015〕68 号）提出，“加快各级人民政府在公共服务、基础设施和运营中购买金融租赁服务”，这为融资租赁业务介入政府融资的项目提供了政策支持。

据媒体报道，2014 年 7 月，成都金控融资租赁有限公司为新津有轨电车示范线项目轨道及设备，引入省外金融机构融资 2.8 亿元；同年 11 月，皖江金融租赁有限公司开展了 2.5 亿元道路管网融资租赁业务。

但在国家审计署查处的违规融资案例中，对租赁公司而言，参与地方平台“公益性”资产业务属于增加地方债务行为，是违规的。

产业基金成“新引擎”

产业基金在中国，已有十余年的发展历史。2005 年，中国第一只真正意义上的产业基金——渤海产业投资基金获批。2014 年开始，伴随着 PPP 模式的推广和股权投资的兴起，产业基金成“新引擎”。但在 2017 年，产业基金模式迎来了一个转折点。针对金融业的监管持续强化，产业基金作为私募基金的一种，受多层嵌套、期限匹配、合格投资者、结构化设计限制等的制约明显。而在地方债务严监管模式中，依托政府出资的产业基金进行明股实债安排，也被 50 号文明令禁止。尽管短期由于政策规范，产业基金进入了低谷期。但毫无疑问的是，无论是从 50 号文中的“引导社会资本投资经济社会发展的重点领域和薄弱环节，政府可适当让利”，还是从发展直接融资的需要看，产业基金在规范之后，未来会进入一个新的发展期。

政府产业（引导）基金

“财政部 210 号文、1062 号文”与“发改委 2800 号文”对于政府产业引导（投资）基金的定位和功能规定有不同之处：

财政部 210 号文指出，各级财政部门一般在以下领域设立投资基金，包括：支持创新创业、中小企业发展、产业转型升级和发展、基础设施和公共服务领域。财政部 1062 号文进一步指出，基金应该“聚焦重点产业”，解决好产业发展的瓶颈制约。公共财政运用政府投资基金方式支持产业，限定于具有一定竞争性、存在市场失灵、外溢性明显的关键领域和薄弱环节。推动产业发展方面，主要支持外部性强，基础性、带动性、战略性特征明显的产业领域及中小企业创业成长。

发改委 2800 号文则指出，政府出资产业投资基金应主要投资在以下领域，包括：非基本公共服务、基础设施、住房保障、生态环境领域、区域发展、战略性新兴产业和先进制造业、创业创新等领域。

显然，两部委规定的侧重点不同：财政部侧重于“具有一定竞争性、存在市场失灵、外溢性明显的关键领域和薄弱环节”，发改委侧重于国家政策导向的传统基础设施领域，以及战略性新兴产业、先进制造业、双创领域。通俗地讲，财政部的思路是“补缺”“补弱”；发改委的思路是国家鼓励的产业方向导向。当然，国家鼓励的产业有些也是新兴产业或“弱产业”，既有不同，也有重叠。

主要运作模式：

发改委 2800 号文指出，政府产业引导基金可以综合运用参股基金、跟进投资、融资担保、政府出资适当让利等方式进行运作。目前，政府产业引导基金采用的运作模式多数为按市场化母基金方式运作，即采用参股基金的投资方式，政府产业引导基金作为“母基金”，与私募投资基金管理人及其他国有资本、社会资本合作设立项目投资基金（即“子基金”），项目投资基金对其基金章程中约定的产业领域进行投资，从而实现通过引导基金的运作以提高政府对产业的宏观调控能力，进而推动创业创新及产业结构调整。该模式还能进一步提高财政资金使用效益，起到财政资金的杠杆放大作用。

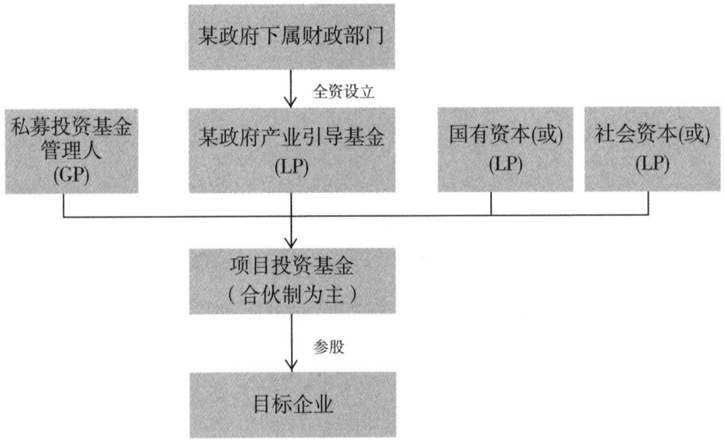

图 7-2　政府产业基金操作

制图：笔者根据公开资料绘制。

产业引导基金顾名思义以“引导”的方式带动社会各类资本投资，带动某地区经济或某产业发展。以下通过一些行业的典型投资结构结合相关政策分析。

徐州市及相关县区财政出资 70 亿元成立现代产业发展（引导）基金，采取“引导基金、母基金、子基金”三层架构，通过与金融资本、社会资本合作，发起设立若干产业投资母基金，母基金再发起设立若干子基金，层层放大基金规模，最终形成母基金 300 亿元、总规模 1000 亿元以上的产业基金群。期望“用产业基金来引导和撬动社会资本，并结合产业资本、专业的团队来共同管理，助推徐州市现代产业发展转型升级”。

现代产业发展（引导）基金具有几大特点：一是政策集成支撑。二是坚持市场运作，专业化管理。政府主管部门只做裁判员，不做运动员，依据权力清单、负面清单、合伙协议对各只基金实行间接式管理，实现资金来源、投资决策、激励机制、退出机制市场化。三是运作机制灵活。体现为设立灵活，母基金可根据自身特点采取有限合伙制、公司制或契约制等不同形式分别设立，引导基金参股母基金比例原则上不超过 30%，母基金可采取参股设立子基金，或直接投资方式进行投资。四是退出机制灵活。

目前，在地方债务监管和金融去杠杆双重压力之下，短期之内产业基金面临比较大的规范压力。如何在合法合规的前提下实现突破，是需要认真思考和探索的。

一是拓宽资金渠道。产业基金未来想要取得突破的前提是拓宽资金渠道，减少对金融机构资金的依赖。可以采取的措施，包括以下两个方面：一方面，寻求与上市公司之间的合作。另一方面，所投领域符合政策方向，也更容易募集到资金。值得注意的，央企和国企出资参与产业基金，不属于政府出资的投资基金。符合政策方向的，比如环保、去产能等，相对而言更容易吸引到央企和国企的参与。

二是盘活政府投资资金的使用。为了引导地区产业转型升级，盘活有限的政府出资就很有意义。从两个方面去改进。一方面，地方政府自身要突破“不敢花”的思维。相比于市场机构，政府部门更为重视资产的安全性，关心的核心可能是不出风险、不造成国有资产流失，在满足这一前提之后才是实现收益、实现国有资产的增值。突破这一思维，是能够盘活政府出资基金的前提。另一方面，减少地方政府对产业基金运作的干预，委托市场化机构来管理基金。

三是产业基金管理人自身，也需要提高专业能力。产业基金得以快速发展，离不开“资产荒”这个大背景，但是在货币政策转向、金融监管规范同业业务之后，同业链条创造的流动性消失，“资产荒”很快转向“负债荒”，各种融资渠道都变得困难，资金成本也出现较大上升。

PPP 产业基金

42 号文提出“鼓励地方政府在承担有限损失的前提下，与具有投资管理经验的金融机构共同发起设立基金”。于是，PPP 产业基金正在成为 PPP 的供血包。这类基金大多采用私募的方式发行。

PPP 产业基金，简单地说，就是通过产业基金投资 PPP 项目或运作 PPP 项目的运营公司，其基金上层资金结构多为政府、金融机构及运营公司多方参与，待基金存续期结束时，采用政府回购、份额转让、资产证券化等方式退出。

PPP 产业基金的特点，一是结构化和杠杆效应。PPP 产业基金中，财政部门或其指定机构通常充当劣后级，银行等金融机构作为优先级，规模较大的有时还设置了中间级。政府出资比例较低，以少量资金撬动金融机构出资，存在着杠杆效应。二是银行等金融机构通常只作为财务投资人，不参与基金与所投资项目的具体运作，本质上是明股实债。三是兼具非标与类固收的特征，PPP 产业基金的投资领域、投资范围和投资方式不同，很难标准化，但在实践过程中，由于对项目有严格增信要求，回报率通常也有保障，又有类固收的特点。

PPP 产业基金本质上和私募基金类似。因此，从法律组织形式的层面划分，可沿袭私募股权基金的三种组织形式：公司型、契约型和有限合伙型。但是，从基金的资金层面上划分，则分为政府主导型、金融机构主导型和社会企业主导型。

政府主导的 PPP 基金：为撬动社会资本和金融机构资金，42 号文鼓励地方政府通过引入社会资本，由省级地方政府与金融机构设立政府引导基金母基金，再由市县级地方政府与母基金合作设立子基金，完成基础设施的建设项目及公共服务项目投资。政府资金将在社会资本中起到引导作用增加投资者信心，同时有望提高企业财务规范和管理规范。

各地申报的项目，经过金融机构审核后，由地方财政做劣后级，母基金做优先级，杠杆比例大多为 1∶4。省政府资信相对较高，可以吸引更多金融机构的参与，当然对所投的 PPP 项目也是优中选优。

金融机构主导的 PPP 基金：由金融机构联合地方国企发起成立有限合伙基金，一般由金融机构做 LP 优先级，地方国企或平台公司做 LP 的次级，金融机构指定的股权投资管理人做 GP。通常由负责建设的公司作为劣后方，不仅负责项目的建设运营，还作为基金风险的第一承担人。从国内已运作的项目来看，这类建设公司多为大型集团企业，具备风险承担能力。从实践情况来看，这一模式专注于地方项目，无须省级审批，减少了申报程序，降低了项目门槛儿，比较接地气。

社会企业主导的 PPP 基金：一般由有建设运营能力的实业资本发起成立产业投资基金，该实业资本一般都具有建设运营的资质和能力，在与政府达成框架协议后，通过联合银行等金融机构成立有限合伙基金，进而对接项目。相比于政府和金融机构主导的两种 PPP 基金，虽然企业要承担更大的风险，但项目运作的灵活度更大，可以实现市场化运营。

对于地方政府而言，PPP 基金的优点非常明显——不计入政府的资产负债表，在完成基建的同时降低了政府的财政压力；产业基金介入项目后，政府的补贴或支付期限可以延长到十年甚至更长，大大减轻地方政府的短期偿债压力；通过产业基金的方式，政府用少量资金撬动大量社会资金，解决地方政府财政不足的问题等。

对于银行、保险等金融机构而言，在产业投资基金中扮演的更多是资金提供者的角色，其低风险承受能力的特性，决定了这类机构将主要作为有限合伙人参与产业基金和项目运作，在具体投资中关注相关方的信用风险和项目可行性。对于社会资本而言，PPP 基金大多以股权方式投入项目，不仅增加了项目资本金，而且企业债务风险下降、信用增加，可以带动更多资本沉淀到实体经济中。基金运作方式更灵活，还能采取投贷联动等。

值得注意的是，虽然43号文以后地方财政不能再为融资出具担保函，但通过PPP产业基金，却可以劣后资金形式完成增信。

2016年1月，江苏省PPP融资支持基金首支子基金以股权方式对徐州市城市轨道交通2号线一期工程项目投资4亿元，期限10年，成为全国PPP基金投资第一单。江苏省PPP融资支持基金，总规模为100亿元，江苏省财政厅出资10亿元，江苏银行、交通银行江苏分行、浦发银行南京分行、建设银行江苏分行、农业银行江苏分行各出资18亿元。成立了5个子基金，每个20亿元，可单独委托管理人进行管理。其中，江苏省PPP融资支持基金首支子基金，规模20亿元人民币，财政出资2亿元，江苏银行出资18亿元。

2016年3月，由经国务院批准，由财政部与全国社会保障基金理事会、建行、邮储银行、农行、中行、光大集团、交行、工行、中信集团、中国人寿保险（集团）公司等国内10家大型金融、投资机构共同发起设立的公司制基金中国政府和社会资本合作融资支持基金（中国PPP基金）成立。中国PPP基金主要通过股权、债权、担保等方式，为纳入国民经济和社会发展规划、基础设施和公共服务领域专项规划，以及党中央、国务院确定的其他重大项目中的PPP项目提供融资支持。在2016年12月，中国PPP基金与内蒙古、吉林、江苏、河南等9省区分别签署合作设立省级PPP基金协议。

典型案例

某市 PPP 投资引导基金设立方案

为加快推广运用政府和社会资本合作（PPP）模式，积极发挥财政资金的导向作用，充分利用金融机构、社会资本在资金和管理上的优势，推动我市基础设施和公共服务领域投融资机制创新，促进经济社会快速发展，特制定遵义市 PPP 投资引导基金设立方案。

一、基金的设立目标

（一）发挥激励引导作用，推动 PPP 模式运用。通过建立 PPP 基金，发挥引导示范效应，增强社会资本投资信心，吸引更多社会资金进入我市 PPP 领域，增加公共产品和服务供给。

（二）坚持市场化运作，扩大投资规模。借助金融机构多元化的投融资服务和项目管理经验，坚持市场化原则运作，强化风险管控，规范 PPP 基金投向使用，加大对重点建设项目的支持力度。

二、基金的发起与设立

（一）基金名称。某市 PPP 投资引导基金（最终以实际工商注册名称为准，以下简称“本基金”）。

（二）基金规模。目标总额 50 亿元人民币。

（三）基金期限。30 年，其中首期有限合伙份额期限为 5 年 +5 年，经合伙人同意可延长。

（四）基金管理。通过政府购买服务的方式委托有资质、有基金管理经验和良好业绩的基金管理机构（下称“基金管理人”）管理运作。

（五）基金合伙人构成及比例。

1. 次级有限合伙人出资：市财政局作为次级有限合伙人认购基金总额的 12%，即 6 亿元。可委托该市国有资产投融资经营管理有限责任公司代为出资。

2. 普通合伙人出资：基金管理公司作为普通合伙人认购基金总额的 1%，即 0.5 亿元。

3. 优先级有限合伙人出资：合格投资者（银行、信托、保险等）作为优先级有限合伙人认购基金总额的 87%，即 43.5 亿元。

（六）基金的募集。本基金由基金管理公司（普通合伙人）和市财政局（有限合伙人）按有限合伙的方式设立，并以此为主体，由基金管理人协同市财政局以竞争性磋商的方式进行优先级有限合伙份额的募集。最终的募集规模由市财政局和基金管理人根据财政承受能力确定，同时各合伙人的认购额度按等比例浮动。

三、基金的投资与收益

（一）基金的投资范围。本基金支持的项目主体主要为（但不限于）市级 PPP 项目；支持的项目领域包括交通、住建、环保、能源、教育、医疗、体育健身和文化设施等行业；支持的项目形态包括新建、改建或存量项目。

（二）基金的投资方式。本基金的投资依据市级 PPP 项目清单进行管理，可以股权、债权等方式投入 PPP 项目。PPP 项目清单实行动态化管理，清单变动需经过市财政局和基金管理人依据本基金要求进行材料审核。

（三）基金投资的收益来源。

1. 所投资 PPP 项目的股权分红收益及股权转让增值收益。

2. 对 PPP 项目债权投入产生的收益。政府购买服务的项目纳入政府采购目录，基金收益列入项目相对应的财政专项预算。

3. 其他合法性收入。

（四）基金投资的退出方式。

1. 股权转让退出。通过向其他股东或第三方转让股份。

2. 并购、回购退出。其他企业兼并收购或大股东回购股份。

3. 上市或挂牌。对优质 PPP 项目进行分拆上市或在新三板挂牌退出。

4. 资产证券化。在 PPP 项目运营成熟后，通过项目公司发行资产证券产品等资产证券化方式获得投资收益，实现投资退出。

5. 其他市场机制退出。

四、基金合伙人的收益与退出

（一）基金合伙人的收益分配。本基金对优先级有限合伙人、普通合伙人分配的收益和对基金管理人所提取的管理费之和设定最高限额，即年化综合收益率（收益率 + 管理费率）不超过 7.5% 计算分配，超出部分归次级合伙人所有，具体如下：

1. 优先级有限合伙人：基金所得收益首先用于按不超过 6.5%（以募集时竞争性磋商结果确定）的约定收益分配给优先级有限合伙人，按日计算，按年分配。

2. 普通合伙人：

（1）作为基金管理人按年提取管理费。以基金优先级份额作为计算基数，管理费率与优先级有限合伙人约定收益率成反比，原则上不低于 0.5%，最高不超过 1%，具体以竞争性磋商的结果确定。

（2）认购份额分配收益。普通合伙人认购的基金份额收益按基准利率加浮动利率分配，即以同期银行贷款基准利率为基础；并视其作为基金管理人协助市财政局募集优先级基金份额的成本高低，给予一定奖励性浮动利率，但最终份额收益率不超过 6.5%。

（3）基金间隙资金理财收益。基金间隙资金在闲置期间，经市财政局核准，可由基金管理人进行稳健类金融产品理财投资，理财收益的20%作为奖励分配给基金管理人。

3. 次级有限合伙人：

（1）基金所得收益超出优先级有限合伙人和普通合伙人份额约定收益的部分，全部归次级有限合伙人所有。

（2）基金间隙资金理财收益。基金间隙资金在闲置期间进行稳健类金融产品理财投资收益的80%归次级有限合伙人所有。

（二）基金合伙人的退出。

1. 以基金支持项目相对应的财政专项预算全面覆盖基金本金的循环置换退出。

2. 次级有限合伙人和普通合伙人认购的基金份额，由双方签订协议即可退出。

3. 优先级有限合伙人可对其认购的基金份额进行转让，此时其他合伙人为优先受让人，以竞争性磋商的方式确定受让价格。

4. 对其认购的基金份额和收益进行资产证券化。

5. 采取其他市场化的方式实现退出。

五、基金的管理

（一）基金的出资。各合伙人根据竞争性磋商后签订的合伙协议约定期限和认缴比例支付资金。

（二）基金的使用。由市财政局制定《某市PPP投资引导基金管理办法》，并据此签发拨付指令，基金管理人按PPP项目清单的财政支出责任及相关项目预算进行拨付。

（三）基金日常管理。基金管理人按照委托管理协议履行基金管理职责，负责基金的日常管理工作。承担资金募集、资金投放、基金账户管理和间隙资金运作等方面工作，并做好事前、事中、事后的全流程信息披露。基金发行、募集、项目物有所值评价和财政承受能力论证等费用均由基金管理人承担，自负盈亏。基金资金由市财政局会同基金管理人选择有基金托管资质的金融机构进行托管，封闭管理。

六、基金的风险控制

（一）分散配置。本基金应投资于市内多个 PPP 项目，控制单个 PPP 项目投资规模，以达到分散风险和带动社会资本的双重作用。

（二）分类监控。基金管理人应分类建立风险控制指引，原则上对基金投资总收益小于 13% 的项目，由次级和普通合伙人对资金安全进行监控；对基金投资总收益大于或等于 13% 的项目，由优先级、次级、普通合伙人三方共同监控。

（三）中介介入。在基金设立、运作过程中委托中介机构专业人士参与，切实防控金融、法律风险。

债转股“在路上”

银行与地方政府的合作方式，在贷款之外正在谋求股权直接融资，而债转股正着眼于化解存量债务合作。

与地方政府债务高企同时出现的，还有企业、尤其是国有企业的债务，对金融机构则意味着不良贷款的比例上升。而为了化解企业债务危机，中国重启市场化“债转股”。

所谓债转股，即由金融资产管理公司（AMC）收购银行不良资产，将原来银行与企业间的债权债务关系转变为金融资产管理公司与企业间的持股与被持股关系，原本的还本付息也转变为按股分红。在企业财务状况好转以后，可以通过上市、转让或企业回购形式回收这笔资金。

债转股本质上，是将以间接融资的债务、债权，转为直接融资的股权。值得注意的是，本轮地方债务主要来自政府融资平台公司，这类公司事实上也是一类特别的国有企业。此外，还有一些国有独资或控股企业的债务由地方财政承担直接或间接关系。借鉴企业债转股方式化解地方债务重负，在许多地方被提上议程。例如在 2016 年 8 月，安徽省财政厅发文，鼓励融资平台公司在银行贷款之外，拓宽融资渠道，通过发展混合所有制经济、发行债券、实行债转股、引入私募基金等方式进行市场化融资。

国家发改委发布数据显示，截至 2017 年末，各类实施机构已与 102 家企业签署市场化债转股框架协议，协议金额超过 15000 亿元。据笔者不完全统计，有三家地方投融资平台公司参与其中，广州交通投资集团、云南城投集团、甘肃公路航空旅游投资集团。

事实上，在不良资产处置业务中，有房地产或其他不动产抵押的资产往往更受市场欢迎。而地方债务的底层资产，常指向如产业园、地铁、高速公路、商业物业、保障房、廉租房、写字楼、停车场、电厂、水厂、燃气厂和热气厂等公共资源不动产，都是具有较高价值或可带来稳定收益的固定资产。

但债转股能否实行，与平台公司的转型有非常密切的关系，纯粹的城投平台和国有资产运营公司债转股的可能性很小。毕竟债转股倾向于投向有“未来增长潜力”的企业，能否在剥离政府财政后成功市场化是一个标准；此外，还可能涉及国有资产流失的责任问题。

按照 2010 年 19 号文，以及 2014 年的 43 号文，目前城投公司转型主要为三类处置方式：一是纯以政府融资为主业的壳平台直接清理注销；二是兼有融资和公益职能的平台公司，可剥离融资职能后转型为公益性国企；三是具有一定资产和较强运营能力的平台公司，可转型为市场化的企业。

2016 年 11 月，中国建设银行与广州市国资委、广州交通投资集团共同签署市场化“债转股”框架协议，建设银行或其关联方以货币资金的形式出资 100 亿元助推广州交投集团展开“债转股”项目，以市场化方式降杠杆。

2017 年 1 月，甘肃省公路航空旅游投资集团有限公司与中国银行在北京签署首单债转股业务合作框架协议。双方共同发起设立 100 亿元基金，以股权形式投资于省公航旅集团及其下属关联企业，置换存量融资，实现债权转股权。

2017 年 3 月，云南城投集团与交通银行云南省分行签署了 100 亿的市场化债转股合作协议。此次云南城投集团的债转股项目，如果 100 亿资金全部到位，预计将降低资产负债率近 6 个百分点。

2018 年 1 月，市场化债转股迎来新的政策突破。银行贷款是地方政府最大的债主。值得注意的是，20 世纪 90 年代债转股，由四大 AMC 扛鼎，地方国有 AMC 也承接一些地方的债务处理。《商业银行法》规定：“商业银行不得向非自用不动产投资或者向非银行金融机构和企业投资”，但是本轮债转股则又放开了银行和民营资本进入。在化解地方债务的过程中，银行系纷纷宣布设立 AMC 子公司，而建行的子公司已经成立，因此银行系 AMC 或将在地方政府债务化解中扮演比较活跃的角色。

项目收益权质押或打开“另一扇窗”

作为地方政府融资重要的资金来源，银行业金融机构与地方政府的合作面临着新的形势。无论是存量债权的保障，还是增量债权需要。

过去多年，商业银行等金融机构偏好向平台发放贷款，这样既可以拉近银企关系、为其在当地经营铺路；又可以承担支持当地发展的社会责任。更重要的是，平台公司所承担的地方基础设施类建设，有政府财政信用和现金流做保证，又往往有土地做担保。

2016 年 2 月，财政部联合国土资源部、中国人民银行、银监会发布的《关于规范土地储备和资金管理等相关问题的通知》明确，自 2016 年 1 月 1 日起，各地不得再向银行业金融机构举借土地储备贷款。土地储备机构新增土地储备项目所需资金，应当严格按照规定纳入政府性基金预算，从国有土地收益基金、土地出让收入和其他财政资金中统筹安排，不足部分在国家核定的债务限额内通过省级政府代发地方政府债券筹集资金解决。

四部委叫停“以地谋贷”，亦是规范地方政府融资的重要举措。这也意味着，地方政府融资，需要进入“抵押品变革”。

2015 年 12 月，银监会与发改委《关于银行业支持重点领域重大工程项目建设的指导意见》（银监发 43 号文）中提到要推进金融创新，其中提到要“积极创新担保方式”。按照《国务院关于创新重点领域投融资机制鼓励社会投资的指导意见》（国发〔2014〕60 号）的有关精神，灵活运用排污权、收费权、特许经营权、购买服务协议预期收益、林权、集体土地承包经营权等进行抵质押贷款，不断创新担保方式。探索利用工程供水、供热、发电、污水垃圾处理等预期收益质押贷款，允许利用相关收益作为还款来源。

2017 年 11 月，《应收账款质押登记办法》修订，此次修订除了新增加应收账款转让登记的规定，应收账款定义也做了修改，如将“能源、交通运输、水利、环境保护、市政工程等基础设施和公用事业项目收益权”列入应收账款定义范围，同时将登记期限从原来的“1–5 年”年扩展为“0.5–30 年”，更是为地方基础设施和公用事业项目融资提供了新的便利。

业内人士认为，新规的变化有利于解决政府融资有关增信的问题，同时也为不适合通过政府购买服务、PPP 等模式开展的地方政府类项目的融资打开“另一扇窗”。但也有人指出，一些基础设施和公共服务项目本身没有收益，如果通过与政府签订合同，收益主要或者完全依靠财政支出。

延伸阅读：创新银政合作

2017 年 11 月 17 日，央行联合银监会、外汇局等多部门联合发布《关于规范金融机构资产管理业务的指导意见（征求意见稿）》（简称《意见》），明确提出“金融机构开展资产管理业务时不得承诺保本保收益。出现兑付困难时，金融机构不得以任何形式垫资兑付”。新规将于 2019 年 6 月 30 日后实施。

银政合作业务走向变了吗
——兼评财预 34 号文和财金 23 号文

杨海平

《关于做好 2018 年地方政府债务管理工作的通知》（财预〔2018〕34 号）和《关于规范金融企业对地方政府和国有企业投融资行为有关问题的通知》（财金〔2018〕23 号）个别解读为了吸引眼球，使用了较为夸张的词汇，引起了实务工作者的误解。那么，财预 34 号文和财金 23 号文能改变银政合作业务走向吗？

财金 23 号文和财预 34 号文是否重置了银政合作业务的合规

边界?

考察政策对业务的影响，主要是看政策是否、在多大程度上重置了业务合规边界。

看一看财金23号文和财预34号文与银政合作业务合规边界。概括而言，财预〔2018〕34号文的主要内容包括如下几点：

一是高度重视地方政府债务管理工作。要求坚守财政可持续发展底线，加大财政约束力度，硬化预算约束。

二是依法规范地方政府债务限额管理和预算管理。加快地方政府债务限额下达进度，用好地方政府债务限额。在严格执行法定限额管理的同时，鼓励各地区按照（财预〔2017〕89号）规定发行项目收益专项债。要求建立健全“举债必问效、无效必问责”的政府债务资金绩效管理机制。

三是及时完成存量地方政府债务置换工作。

四是着力加强债务风险监测和防范，健全地方政府性债务风险评估和预警机制。

五是进一步强化地方政府债券管理。

可以看出，财预〔2018〕34号文主要强调了预算法执行、限额下达和管理、债务置换、债券管理等有关规定，基本上都是对原有管理规定的重申。

相较于财预〔2018〕34号文，财金〔2018〕23号的内容更丰富。财金〔2018〕23号以出资人身份对各国有金融企业参与地方政府建设项目融资提出要求。

第一条总体要求，基本上是重申了国发〔2014〕43号文、银监发〔2013〕10号文，以及92号文、50号文的要求，还重申了关于项目资本金的要求。

第二条资本金审查，基本上是原有资本金要求的重申，也有部分内容来自于92号文和50号文。

第三条还款能力评估，要求国有金融企业参与地方建设融资，应审慎评估融资主体的还款能力，其中涉及到的禁止性规定基本上是50号文的内容。

第四条投资基金，涉及的禁止性规定也基本上是50号文的内容。

第五条资产管理业务，基本上是资管新规征求意见稿有关内容的重复。

第六条政策性开发性金融，要求政策性金融不得通过任何形式违法违规增加地方政府债务负担。

第七条合作方式，要求国有金融企业不得采取与地方政府及其部门签署一揽子协议、备忘录、会议纪要等方式开展业务，不得对地方政府及其部门统一授信。在实际操作中，战略合作协议的形式是存在的，但没有多少实质内容。对政府部门授信的情形，基本上不存在，因为政府部门不是合格的借款主体。

第八条金融中介业务，要求在债券募集说明书等文件中，不得披露所在地区财政收支等信息。这一条与城投债发行的实际情况有点矛盾，该文件是面向国有金融企业印发的，这一规定的执行效果待观察。

第九条PPP，基本上是重申了92号文的有关规定。

第十条融资担保，主要要求政府性融资担保机构应按照市场化方式运作，不得要求或接受地方政府以任何形式在出资范围之外承担责任。

第十一条出资管理，与商业银行股权管理办法基本保持一致。

第十二条财务约束，银政合作的相关业务要按照“实质重于形式”执行拨备、资本计提，不得以有无政府背景作为资产风险的判断标准。这一规定与银监会有关要求一致。

第十三条产权管理，基本上是国有资产有关管理规定的重申。

第十四条配合整改，实际上，金融机构在87号文、50号文后和“三三四十”检查过程中已经进行了整改，剩余未整改的是部分难以整改的项目。

第十五条绩效评价，按照出资人的权利，对金融企业进行绩效评价时，与地方政府隐性融资有关的违规性行为，将受到问责。

第十六条监督检查，对财政部公开通报涉及地方政府违法违规举债担保行为的地方国有企业，国有金融企业应暂停或审慎提供融资。

第十七条要求其他金融企业参照执行。文件是从出资人角度发的，这一要求值得商榷。

至此，针对地方政府违规融资的问题，形成了金融机构出资人、监管部门、财政部门、财监办等多主体共同治理的局面，管控范围也涵盖了地方政府、各类金融机构、中介机构等。

从内容上看，23 号文涉及银政合作合规边界的规定都是对以往文件内容的重申。就法理而言，财政部以出资人身份发布禁令，对国有控股金融企业是有效力的，但对于相对控股的金融企业，对于地方政府相对控股的金融企业以及地方政府参股的金融企业，其效力如何，值得商榷。

总体看，34 号文和 23 号文，并未就银政合作业务合规边界进行任何调整。因此，不会形成 43 号文、87 号文那样里程碑式的影响。

现阶段银政合作业务到底应该怎么看？

银政合作业务经过狂飙突进，也经过了沉潜迷思，到目前这一时点，到底应该怎么看？

首先，银政合作业务是否仍有合规空间？答案是肯定的。23 号文中涉及的投资基金、PPP 等模式仍然是合法合规的合作方式，前提是，不要要求地方政府违规担保、兜底，不要要求地方政府承诺回购基金份额等。同时，对于 87 号文预留的棚改和扶贫两项内容，后续没有文件提出调整要求，因而依然是合规的。商业银行以市场化方式参与地方建设项目，银政合作合规空间依然巨大。

银政合作相关的众多规定，主线是不得新增地方政府隐性负债。在以往的银政合作项目融资案例中，融入资金到平台公司账户后，回流到财政性账户的情形是存在的，融入资金完全由地方政府部门支配的情形也是存在的，在这种情况下，的确增加了地方政府的隐性负债。自 43 号文以来，对这一问题的管控一直在强化。2017 年，财政部门对部分违规融资行为进行了处罚，加上银监会“三三四十”检查，政府隐性负债的势头得到一定程度的遏制。是否增加政府隐性负债的判断标准应该是政府是否承担直接或间接的还款义务。银行向 PPP 项目公司、政府购买服务和工程的承接主体、授权经营主体等发放贷款，银行和这些公司是借贷合同关系。这些公司因为业务特性，在一定的条件下，能够得到政府补贴款项，或得到政府支付的授权经营费、购买工程或服务的对价，政府的支付义务来源自 PPP 项目的合同、购买合同、授权经营合同。企业能否得到政府的支付款项，取决于企业的履约情况。这是两组独立的合同，两组独立的法律关系，银行和政府之间没有任何合同关系。在这种情况下，不应视为增加政府隐性负债。

银政合作的众多规定，一般难以绕开政府融资平台。融资平台伴随着 4 万亿货币狂潮，经历了短暂的狂欢，直至被银监发〔2013〕10 号文打断。43 号文之后，平台和非平台之间的界限模糊化，一方面，原来平台承担的融资功能，一般的国有企业也可以承担。另一方面，平台脱离名单只需要发布公告，宣布原有债务已经妥善化解就可以。根据“三三四十”等有关监管要求，对于平台融资的掌握，一是对于银监会名单内的平台公司，不得新增贷款。二是对于转型之后的平台，或者名单外的地方国有企业，要按照市场化原则融资，融入资金要用于自身的项目。按照这一原则掌握，不会出现平台融资的合规问题。同时，已经转型的平台和地方国有企业是地方政府战略意图的重要推动者，与地方政府有着密切的联系，仍然是合规开展银政合作的重要载体。

其次，银政合作业务是否还有业务契机？答案是肯定的。银政合作的业务机遇本质上来源于地方政府财权和事权的不匹配性。未来一个阶段，对经济增长速度回落的容忍度有所提升，也就是对基建投资托底经济增长的要求下降，但是十九大确定了未来3年的三大攻坚战，为银政合作提供了广阔空间。从化解风险的角度，银行可以用投行手段或者其他手段参与地方政府债务重组。生态攻坚方面，重点关注环保督查整改项目（与绿色金融发展相结合）。扶贫方面，重点关注易地搬迁等整体推进项目，关注基础设施建设和公共服务的提供领域（与乡村振兴战略相结合）。此消彼长之间，银政合作业务仍处于重要的机遇期。

最后，银政合作业务是否还有价值？答案也是肯定的。对于宏观经济而言，在新旧动能转换的关键时刻，在从高速增长到高质量发展的关键时刻，经济增速的容忍范围的确有所放宽，但是如果经济增长失速，显然是不能接受的。必要的时候，仍有通过投资托底的需求。

对于地方政府而言，要想保证履职，就离不开银政合作业务。地方政府完全依靠自身财力提供公共基础设施、公共服务等并不现实。即使是发行地方政府债券，也需要银政合作。

对于银行而言，因为不良贷款压力较大，急需寻找经济中的信用锚。目前的信用锚不外乎三类，一是有政府信用加持的主体或项目。银行虽然不能给政府直接融资，但是政府的财政支出，通过结构化的安排成为还款来源是从未禁止，也不可能禁止的。由于此类资产安全性高，对于银行具有天然的吸引力。第二类是优质企业的信用，地方国有企业、评级高的企业、上市公司、央企等。这类企业的支出作为还款来源的业务对银行也很有吸引力。第三类是零售类，因为分散而成为信用锚。银行可以根据不同的战略定位进行选择，但至少，银政合作类资产还是银行资产组合的备选项，一旦进入资产组合，此类资产将成为压舱石、定盘星。

规范的银政合作业务对于政府、银行和宏观经济，都是有价值的。因此，不要将银政合作业务妖魔化。对于政策制定者而言，要立足实际，强化引导。对于银行而言，要深入挖掘，规范发展。

新阶段银政合作业务到底应该怎么办?

在一系列制度文件的指引下，银政合作业务应由财政思维向金融思维回归。由重点看政府实力向重点看企业实力转变，由关注主体向同时关注主体和债项转变，由关注政府承诺向关注项目现金流转变，由关注增量向同时关注增量与存量转变。具体要关注以下业务机会：

首先，抢抓地方政府债券承销业务机会。目前关于政府债务的管理类文件都要求开正门、堵旁门，要求地方政府仅通过发行债券，包括一般债券、专项债券、城投债等进行融资。商业银行应积极争取交易商协会A类主承销商资格、B类主承销商资格，为地方政府在银行间市场发行债券提供服务。同时，对于地方债和城投债的投资，各行可以根据自己的判断进行。个人判断23号文对城投债影响是负面的，对地方债的影响是正面的。

其次，抢抓合规的PPP项目业务机会。92号文之后，介入PPP项目要重点防控PPP难以入库和被清退出库的风险。《关于规范政府和社会资本合作（PPP）综合信息平台运行的通知》（财金〔2015〕166号）规定：未纳入综合信息平台项目库的项目，不得列入各地PPP项目目录，原则上不得通过财政预算安排支出责任。严监管政策下，银行应重点关注经过整改之后仍留在库中的存量项目，对于新增项目要对照92号文和192号文严格把关。同时，要通过尽职调查筛选社会资本合作方。92号文强调将政府付费义务与运营绩效考核相联系，而在PPP项目中，运营一般由社会资本方主导，因此，寻找具有良好口碑且具有丰富经营经验的市场主体作为社会资本合作方就成为PPP项目能否产生现金流的关键。

第三，抢抓合规的政府购买服务和购买工程业务机会。87号文对政府购买服务进行了规范，明确要求不得将工程和服务打包进行购买，规定了不得列入政府购买服务范围的内容，还规定了对政府购买服务的预算约束。但是87号文并未将所有的政府购买服务均列入禁止的行列。87

号文明确规定，党中央、国务院统一部署的棚户区改造、易地扶贫搬迁工作中涉及的政府购买服务事项，按照相关规定执行。同时，87 号文规定，政府建设工程项目确需使用财政资金，应当依照《中华人民共和国政府采购法》及其实施条例、《中华人民共和国招标投标法》规范实施。

第四，抢抓合规的产业基金业务机会。50 号文和资管新规征求意见稿对政府投资基金业务进行了约束，但产业基金业务机遇仍然存在。前提条件，一是发行期限较长的理财产品，其流动性通过客户之间转让实现（可通过理财产品流转平台）。二是对于拟投资非上市公司股权的基金，需发行私募类资管产品。三是不得要求政府进行份额回购，投资项目要满足资管新规征求意见稿关于集中度的要求。

第五，抢抓合规的授权经营业务机会。授权经营模式（ABO）系北京市首创，部分省区开始复制。2016 年 4 月 20 日，北京市交通委员会代表北京市政府与京投公司正式签署《北京市轨道交通授权经营协议》，开创了授权经营模式。从内容上看，授权经营模式（ABO）模式并没有违背最新政府类债务监管的政策。若政府推出的项目具备“大基建、小运营”的特点，对社会资本吸引力有限，可以采用 ABO 模式实施操作。

第六，抢抓存量债务化解的业务机会。不可否认的是，在债务系统之外，各地仍存在一定数量的隐性债务，一般有两种情况，一种是政府有关部门欠施工单位的工程款。二是原有平台公司替政府部门举借债务中，还有部分没有进入债务系统。对于进入债务融资平台的负债，中央要求尽快置换，然后逐步偿还。

对于债务系统之外的债务，目前是处理的重点。由于企业持有政府应收账款，企业的债务链条被迫拉长，这是对实体经济的破坏，对政府公信力的迫害，部分地区还出现了上访。对于存量债务化解，可以探讨的一种思路是，由商业银行直接或间接买断债务（从企业手中直接或间接买断存量应收账款不应视为增加政府融资），与债权企业商谈折扣率，以留出利润空间，与政府商谈还款计划。另一种思路是，按照债权对应资产性质，装入合规的PPP项目（ROT、TOT等）、政府购买服务或工程项目，地方国有企业、授权经营主体等，由PPP项目公司或者地方国有企业、授权经营主体向债权企业支付对价，银行对PPP项目公司、国有企业、授权经营主体放贷款。政府支付PPP项目差额补足、授权经营费用、政府购买服务和工程的对价后，归还借款。在此过程中，涉及的融资平台，也可以转型成为PPP项目公司、授权经营主体、政府购买服务和工程的承接主体，进而成为市场化的地方国有企业。

第七，抢抓合规的资本金业务机会。在以往有关资本金穿透文件的基础上，23号文又重申了PPP项目和地方建设项目的资本金穿透要求，因而，资本金的稀缺性更加凸显。合规地解决项目资本金约束，对于商业银行抢抓业务至关重要。一是尝试用售后回租的方式盘活固定资产信用价值，探索用ABS的方式，将各类收费权折现，用PPP+ABS、PPP+ABN的方式对PPP项目未来收益折现，探索用REITS的模式释放长租公寓项目资本金，探索用保理的方式将有价值的应收账款折现，探索用应付账款ABN的方式，由投资者支付应付账款，置换出来的资金用于项目资本金。二是有条件的银行探索用投资子公司、资管子公司，逐步介入股权投资，为资本金约束提供解决方案。

第八，抢抓转型后平台与地方国有企业业务机会。用信贷、理财直接融资工具、债务融资工具、北金所债权融资计划等工具服务于转型后的平台及地方国有企业，进而服务于地方经济发展战略。

（原载微信公众号“中国银行业杂志”2018年4月11日，作者为中央财经大学证券期货研究所研究员，内蒙古银行战略部副总经理、博士后管理办公室主任）

第八章

地方政府再赋能

“一些地方政府可能面临破产”成为众多媒体探讨的重要话题。虽然不无夸大之嫌，却也折射出地方政府存量债务化解和可持续性融资面临的严峻挑战。

无论是存量债务化解，还是可持续投融资能力再造，背后都离不开地方政府角色重塑和全方位能力建设。十九大提出完善干部考核评价机制，建立激励机制和容错纠错机制提出行政体制改革，并提出要赋予省级及以下政府更多自主权。这也对地方政府的能力建设，提出更高层次的改革方略。

地方政府须提升信任资本

对地方政府而言，要想提高自身的投融资能力，比较重要的一点在于规范操作，取得市场主体和融资机构的信任。

以金融机构审查PPP项目来看，一个PPP项目能否获得银行的贷款，最重要的是考察三个主体，地方政府、社会资本、和项目本身。地方政府是被审视的第一步。审查的内容包括该地区的经济环境、地方政府财政收入、地方政府偿债能力、政府治理水平、地方政府行为的规范性、地方政府历史的违约情况包括是否出现过拖欠大额工程款的历史、地方政府的行政级别、地方政府所在区域、地方政府的评比排名、地方政府的付费责任是否纳入预算等。

如果地方政府满足不了这些条件，自身信用和能力不足，PPP项目将无法获得贷款，项目无法落地，后续难以吸引社会资本进入，融资能力大打折扣。

2016年的11月27日,《中共中央国务院关于完善产权保护制度依法保护产权的意见》发布，意见要求地方各级政府及有关部门要严格兑现向社会及行政相对人依法作出的政策承诺，认真履行在招商引资、政府与社会资本合作等活动中与投资主体依法签订的各类合同，不得以政府换届、领导人员更替等理由违约毁约，因违约毁约侵犯合法权益的，要承担法律和经济责任。

大部分评级机构、社会资本和金融机构都有各自投资的“黑名单”，地方政府通过合规操作、守信履约，得到金融机构和社会资本的信任，避免进入投资黑名单，是打造地方政府融资能力的第一步。

提速央地关系变革

提及地方政府投融资能力建设，总要涉及中国特色的央地关系，而央地关系的核心则在于财权和事权的分配。决策层要通过中央和地方事权和支出责任的划分改革来为地方政府开源节流。无论是给地方政府增加主体税种的“开流”，还是把部分事权转化成中央事权的“节流”，都可以帮助地方政府缓解收支压力，提高地方政府的投融资能力。

作为财税体制改革三大内容之一，事权和支出责任划分改革要在2020年之前完成，但其在三大改革中是最晚启动的，直到2016年下半年才开始启动。

2016年8月,《国务院关于推进中央与地方财政事权和支出责任划分改革的指导意见》(国发〔2016〕49号)出台，国务院以财政事权和支出责任为切口推动事权和支出责任划分改革。

目前地方政府享有约55%的财政总收入，却承担着85%的财政总支出。1978年至2015年，地方的财政收入占比从85%下降至55%，财政支出占比则从 53%上升至 85%，差额部分由中央转移支付补充。

转移支付并没有明确的法律约束，在列支和使用等方面存在较大弹性。转移支付不是地方政府自主收入来源，中央对地方干预较多、较细，需要地方政府层层申报、层层审批。中央政府还对转移支付做比较细密的规定，让地方政府较难按照自己的意愿使用转移支付资金。这也导致了地方政府到中央部委“跑部钱进”“跑冒滴漏”等效率损失问题。

官学两界的不少人士认为，中央和地方事权的划分在不少方面还不尽合理。来自财政部《全国财政决算表》的数据显示，2012 年，地方政府在污染防治方面的支出分担比例高达 62%；在国土资源气象等事务，地方承担了 71%的比例；在养老保险补助方面，地方承担了 97%的支出比重。

以广西为例，广西钦州市财政局曾撰文指出，2014 年广西钦州市本级的预备役、海警、武警、海防等支出约 6500 万元，县区的国防和武装警察支出也达 3313 万元。2010 年—2014 年钦州市投入到海域海洋管理方面约 1.1 亿元。养老保险方面，2008 年—2013 年，钦州基金收支结余从 0.96 亿元减少到了 -1.11 亿元。

作为对比，2014 年钦州市公共财政预算收入仅为 33 亿元。种种动辄上亿元的支出，比如国防、海域、养老保险、直属机关等，应该主要由中央承担出，而不应让基层政府承担过重的事权和支出责任。

因此，上收部分事权至中央，被看作是事权和支出责任改革的突破口。49 号文规定，适宜由中央承担的财政事权执行权要上划，加强中央的财政事权执行能力；适宜由地方承担的财政事权决策权要下放，减少中央部门代地方决策事项。要明确共同财政事权中央与地方各自承担的职责，将财政事权履行涉及的战略规划、政策决定、执行实施、监督评价等各环节在中央与地方间作出合理安排，做到财政事权履行权责明确和全过程覆盖。

什么是适宜中央承担的事权，什么是适宜地方承担的事权？从理论上来说，属于全国性和跨省（自治区、直辖市）的事务，由中央管理，以保证国家法制统一、政令统一和市场统一；属于面向本行政区域的地方性事务，由地方管理，以提高工作效率、降低管理成本；属于中央和地方共同管理的事务，区分不同情况，明确各自的管理范围和筹资责任。以养老制度为例，目前由地方政府负责，可以改由中央负责。由中央来负责养老管理有助于提高劳动力的流动性，订立全国性标准，解决与风险分担相关的一些重要问题。

49 号文提出保障国家安全、维护全国统一市场、体现社会公平正义、推动区域协调发展等方面的事权属中央事权；直接面向基层、量大面广、与当地居民密切相关、由地方提供更方便有效的基本公共服务属地方事权。

49 号文还做出了时间表的安排。2016 年，有关部门要研究制定相关领域具体实施方案。选取国防、国家安全、外交、公共安全等领域率先启动改革。2017 年—2018 年，争取在教育、医疗卫生、环境保护、交通运输等基本公共服务领域取得突破性进展。2019 年—2020 年，基本完成主要领域改革，形成中央与地方财政事权和支出责任划分的清晰框架。

财政部原部长肖捷在 2017 年 11 月《党的十九大报告辅导读本》中所撰写的《加快建立现代财政制度》一文中提到，要合理划分各区域中央和地方财政事权和支出责任，成熟一个、出台一个、逐步到位。合理划分省以下各级政府的财政事权和支出责任，适合哪一级政府处理的事务就交由哪一级政府办理。

在合理划分事权和支出责任之后，可能仍然存在部分转移支付，但规模相比当前应该大为缩减。对待这部分转移支付依然可能存在的结构不尽合理、专项支付的随意性较大、分配比过于分散导致资金利用效率降低、专项转移支付要求的地方政府配套等问题，应该改革转移支付体系，这是提高资金使用效率、有效补充财政资金的重要途径。

笔者认为，首先，要合并一般性转移支付。目前的一般性转移支付包括均衡性转移支付、民族地区转移支付、调整工资转移支付等项目，内容广泛，既包括对个别地区的转移支付补助，又包括中央因改革导致地方收入减少进行的财政补助。众多的项目设置目标不同，难以实现均等化改革土地财政的目的，应统一合并为一般性财政转移支付一个项目，通过规范化的公式依据公平和效率兼顾的原则进行分配资金。

其次，规范专项转移支付。专项转移支付的项目要体现国家政策意图，资金项目的设置要根据每年的宏观调控政策变化和突发事件进行调整，每年的专项转移支付的科目和发放地区要有所不同，不能使专项转移支付成为地方的既得利益。对于历史上形成的、长期固定不变的项目应划归一般性转移支付。专项转移支付要重点突出，发挥好专项资金集中力量办大事的重要作用，避免资金被分散为若干地区的小项目，确保通过专项转移支付的实施，每年都集中解决经济发展、民生领域的大事，实现宏观调控目标。

再者，优化一般性财政转移支付和专项转移支付的结构。一般来说，一般性转移支付和专项转移支付的比例确定取决于对均等化和实现国家政策意图目标的权重。从经济社会发展看，均等化目标已经成为当前的重要目标，一般性转移支付要占有相当比重。从历史和国情看，实现国家政策意图对于增强国家凝聚力，加强中央对地方的领导和管理等方面意义重大，要通过专项转移支付的使用分配来实现，这就要求两个目标是并重的。

对于转移支付造成的地区间的不均衡不公平，笔者认为可以按照一种基于财力和支出需要的公式来分配财政资源，确保需求最迫切的地方优先得到资金。很多经合组织国家都使用这种制度，如澳大利亚有一套精细的确定支出需要的体系。这种方法符合中国在全国提供基础公共服务的目标。支出需要将由最低服务标准来决定，而将当前的税收分享安排和转移支付制度转为一种公式化拨款制度，可以大大改变每个地方政府得到的资金。因此，这项改革应当逐渐推出，并与税制改革相配合。

央地关系从来不是一成不变的，中央与地方在财政关系方面的分分合合，对地方政府主动性的发挥、地方政府的投融资带来了一系列的影响。事实证明，凡是中央和地方两个积极性都得到充分发挥的时期，中国的经济发展和建设事业一般都进行得比较顺利。

加快地方主体税种构建

“节流”的事权改革已经开始启动，但是“开源”的收入划分尤其是地方主体税种的构建尚不明晰。

“营改增”更是为地方财力带来挑战。营改增后，占地方财政收入超过三分之一的主体税种营业税消失，尽管国务院给出了增值税分享过渡方案，提高了地方增值税分享比例，但这只是为了使中央地方财力格局不变的过渡方案，市场预计未来大概率会因为增值税的属性将地方的分享比例下调。何况营改增还有减税效应，导致地方收入增速下滑。

增值税是全国第一大税种，属于中央和地方共享税种；营业税为国内第三大税种，属于地方税种。由此前中央与地方增值税的分成比例75∶25。营改增后，地方主体税种营业税消失，增值税如果还是按照原来的分成比例，地方财力将会受很大冲击，所以《国务院关于印发全面推开营改增试点后调整中央与地方增值税收入划分过渡方案的通知》将增值税中央地方分成比例改为50∶50。

但增值税属于流转税，增值税的基本特点是资本、人员在全国范围内自由流动，所以税金流动性非常强。专家认为，增值税从属性来说不适合作为地方主体税种。而且如果地方政府从增值税分享比例更大，就会使得地方政府的主要精力集中在发展经济上。而地方政府正在转型为服务型政府，因此提高地方政府增值税分享比例，将与政府转型目标相违背。所以未来地方增值税分享比例很有可能会下调。

地方主体税种亟待构建。在地方主体税种的选择上，出现了各种声音。市场观点多数认为，应该开征房地产税，将其作为地方主体税种。也有很多支持将消费税、个人所得税、环保税、资源税等税种作为地方主体税种的声音。

什么税种适合作为地方税，从理论上来讲，马斯格雷夫认为这取决于不同职能政府承担的职能和税源的流动性强弱，收入稳定、税基流动性差、税源分布均匀、依附于居住地征收的税种应该作为地方税。

目前虽然有以房产和地产为征收对象的税种，如城镇土地使用税、耕地占用税、房产税、城市房产税、土地增值税等五个税种，但加起来占地方财政本级收入的比重仅占地方政府本级收入的6%左右，远低于英美等国。而且这几个税种税制老化，多年未作调整。

2010年，中央将“研究推进房地产税改革”写入“十二五”规划。从“房产税改革”到“房地产税改革”，一字之差，体现了中央政府改革思路的变化，期望将房产税、城镇土地使用税等看作是完整的税收体系。2011年，房产税改革试点也在上海和重庆启动。

房地产税之所以呼声最高，在于房地产税的征收对象是房产和地产，税基不可移动。地方政府也比中央政府更难详细掌握税源，核实房价地价，纳税人不易偷漏税款，课征效率高。如果按照房屋的评估值征收房地产税，地方政府比中央政府更容易获得准确的信息。

而且房地产税是一种受益税，即房地产税收入主要用于为纳税人服务，有种使用费的性质。地方政府把房地产税收入用于改善地方公共基础设施和公共服务如道路、学校、医院等，提升纳税人的居住环境，也推升本地房产价值。居民有动力缴纳房地产税，政府也有动力改善本地的基础设施和公共服务，房产的公共环境改善、房产的价值提升，房地产税征收的就越多。

当然，房地产税在成为地方主体税种的路上也充满挑战。最为关键的争议在于税率高低和征税范围。如果不想明显增加居民负担导致太多反对意见，则需采用低税率，但低税率的房地产税则无法起到充当地方主体税种的作用。如果采用高税率，则房地产税的推进会比较困难。

从重庆和上海的经验来看，房地产税对地方收入的贡献确实有限。2011 年重庆房产税占本级财政收入的比重仅为 0.03%；根据《2014 年上海预算草案报告》，2014 年上海市预计征收房产税 27.6 亿元，只有土地出让收入的 1.7%。

这源于上海和重庆的房地产税税率较低，在 0.5% 左右，远低于国际平均水平，大部分国家房地产税税率在 1%–3% 之间。根据两地的规定，上海房产税试点，主要针对本市居民家庭在当地新购且属于该居民家庭第二套及以上的住房，家庭人均居住面积超过 60 平方米和非本市居民家庭在本市新购的住房，适用税率暂定为 0.6%；重庆房产税试点主要征收对象为个人拥有的独栋别墅（不论存量房还是增量房）、房价达到当地均价两倍以上的个人新购高档住房，以及在重庆市无户籍、无企业、无工作的个人新购二套及二套以上住房，税率 0.5%–1.2% 之间。

房产税立法目前在稳步推进中。财政部原部长肖捷在文章《加快建立现代财政制度》中提到，要按照“立法先行、充分授权、分步推进”的原则，推进房地产税立法和实施。对工商业房地产和个人住房按照评估值征收房地产税，适当降低建设、交易环节税费负担，逐步建立完善的现代房地产税制度。

房地产税之外，让消费税成为地方主体税种的建议也时有耳闻。国家税务总局原副局长许善达就是消费税的支持者。他认为应该把生产环节的消费税转移到零售行业，划归地方；以及把现在已经在零售行业的车辆购置税也划归地方，这两个加在一起，按照静态计算有一万多亿元，可以作为地方税的主体税种。

许善达认为，这种方案会带来几种改革的红利：首先，所有消费品企业的出厂价会有所降低，这样会减轻这些生产企业的财务成本，对资金的占用会降低；其次，可以解决几项我们多年来要做而没做成的事，比如，把消费税放到零售环节后，地方政府的税收立法权力可以扩大，税率的高低，地方也可以有一定程度的调整空间。许善达表示，为什么现在很多地方政府热衷于吸引投资，就是因为生产环节的税多，消费环节的税少，地方政府要发展经济，很重要的一个目标是“就业和税收”，因此要多在生产环节投资，而现在生产环节总体上是产能过剩的，如果能把生产环节的税种的一部分转移到零售环节，这样可以适当减少地方政府对投资的冲动。

市场观点认为，消费税税基具有非流动性，税源分布广泛，还体现了受益原则。税基的非流动性指的是税基不会因为征税行为而发生大规模的地区性转移。消费税主要来源自居民的消费行为，相比于其他税收，消费税收入受经济变化的影响更小，相对更稳定，因此具有地方税的特质，可以成为地方的可持续财源。

另外，如果消费税成为地方的主体税种，地方政府有动力构建良好的宜居环境或购物环境，提高公共产品和公共服务，吸引人口，改变原来的引进大项目、大企业甚至是高污染企业的经济发展模式。

不过消费税面临的挑战在于现行消费税征收环节在于生产环节，应该将其改为“零售环节”。生产相对集中，而消费相对分散，在零售环节征收消费税可以使得各地方政府相对较为均匀地获得财政收入。也可以降低企业的垫付资金，直接由消费者承担。此外，现行的消费税的课税范围过窄，限制了消费税收入增长，主要来源于烟草、酒类、汽油和汽车等，应该扩展至私人飞机、高档皮草、高档时装、高级美容、高档会所、高档娱乐等消费行为，以及皮革制品、水泥、化工、印染等高污染产品。

另外，个人所得税因为地方掌握的信息较多，便于征管，且有利于促进地方重视居民就业和工资，提供公共服务，所以也有一些支持个人所得税成为地方重要税种的观点。目前个人所得税是中央和地方共享税，中央占比 60% 地方占比 40%，未来可以全部成为地方税，有效补充营改增后地方财政收入的缺口。

财政部原部长肖捷在《加快建立现代财政制度》中提到，要形成中央和地方合理的财力格局。在保持中央和地方财力总体稳定的前提下，科学确定共享税中央和地方分享比例，适当增加地方主体税种，形成以共享税为主、专享税为辅的央地收入划分体系。同时要健全地方税体系，要在目前已有的土地使用税、房产税、车船税、耕地占用税、契税、烟叶税、土地增值税等地方税的基础上，继续拓展地方税的范围。

相信随着事权和支出责任划分改革的推进、地方主体税种的构建，地方政府的财力和事权会更加匹配，地方政府的投融资能力也会大大增强，这将降低地方政府对政府融资平台、土地财政的依赖，为地方政府走向合规合法投融资创造前提基础。

扩大地方自主发债权限和规模

目前中国地方政府融资和金融市场的融资结构一致，以间接融资为主，尤其是以国有金融机构为主。这导致金融市场很难对地方政府产生约束作用，不得不依赖中央政府干预地方财政管理。

相比于银行贷款，债券市场的约束有三大优势：一是债券市场的投资者更为分散，可以降低风险集中度。二是债券市场更透明，风险因素的披露更及时，不会拖延和积累变为“灰犀牛”“黑天鹅”。三是债券市场参与者对收益率非常敏感，资金价格信号传导更加通畅，当地方的财政状况发生变化时，债券价格对风险因素的反应更灵敏，可以较好地限制地方政府的财政管理行为。

德国的经验表明，地方政府债务从间接融资向直接融资转变，增强了金融市场对地方政府债务的约束力。1991 年前，德国地方政府主要从银行融资。德国约有 2000 家银行，主要是由地方政府出资成立的信用合作机构（约 1200 家）和储蓄银行（约 450 家）等地方性银行，因此很难拒绝政府融资申请。金融市场约束不力，对财政稳健性产生了负面影响，而且财政与银行“捆绑”在一起，还会相互传播风险。1991 年后，德国通过建立地方政府债券市场，形成了政府举债的市场化约束。融资成本的公开化、市场化，促使地方政府巩固财政，限制债务过度增长。

虽然 2015 年实施的新《预算法》已经允许地方政府自行发债，但地方债务实行面临严格的中央审批制度。一方面，地方发债的权利限制在省一级政府，而实际的资金使用主体是地方政府，因此，我国的地方政府债务还不是真正的市政债券。另一方面，相对于庞大的存量地方债务余额和年度融资需求而言，现在每年经过预算批准的地方政府债券额度太小，是一个卖方市场，投资者缺少选择空间。而且，在市场投资者看来，中央政府的审批权限往往也意味着对地方债务负有连带偿还责任，从而形成对中央救助和“刚性兑付”的迷信，更加难以严肃对待地方债务的风险，也就不能有效发挥市场约束作用。

2017 年全国金融工作会议指出，“要把发展直接融资放在重要位置，形成融资功能完备、基础制度扎实、市场监管有效、投资者合法权益得到有效保护的多层次资本市场体系”。

在这方面，扩大地方政府债券的自主权是一个突破口。

将自主发债的权利下放到直接花钱的市、县级政府，使举债、用钱、偿债主体保持一致。取消中央政府对地方发债的规模控制，扩大地方政府债券的发行规模，能否发得出去、以什么价格发出去，都要接受金融市场的甄别和筛选，不必担心地方乱发债。

借助市场和信用评级制度，倒逼地方政府披露债券信息。公开包括政府债务在内的政府财政情况，已经成为世界各国财政风险管理的大趋势。例如，澳大利亚建立了较为完整的地方政府债务报告制度，地方政府必须将借款委员会批准的借款分配及其调整情况真实、完整地反映在地方政府预算报告中，除了报告直接债务外，还必须披露或有债务。

第一，逐步建立定期的地方政府财务报告制度。地方政府应当将本级财政政府资产负债、财务收支和现金流量等财务信息定期进行充分披露，特别是债权债务状况等事关财政风险的事项。第二，披露地方政府债券融资资金投向的项目信息。对于项目的资金投向范围必须进行严格的披露，具体细化到每一笔资金的流向。一方面严防资金的挪用，保证资金仅仅用于基础设施建设，不能用于弥补财政经常性收入的不足，另一方面杜绝建设单位与政府的暗箱操作，保证发债项目的收益进入地方财政。第三，探索编制地方政府本级资产负债表。第四，设立重大地方财政事项通知解释制度。

在对地方政府违规举债“堵后门”的同时，市场和地方政府也对“开前门”翘首以盼，毕竟地方发展和基建投资的一些需求是刚性的。地方自主发债分为一般债和专项债，2017 年的规模分别是 8300 亿和 8000 亿。地方一般债要纳入赤字计算，如果 2018 年仍然保持 3% 的赤字率不变，那一般债增加的空间有限，业内将目光主要投向了专项债券规模的增加，甚至有人预计规模可能翻倍至 1.6 万亿，为地方政府解下燃眉之急。

2017 年财政部陆续推出土地、收费公路专项债券试点，多省已经成功发行这两个品种专项债。12 月 11 日，深圳成功发行了首只轨道交通专项债券，发行规模 20 亿元，机构认购热情颇高。

试点的项目收益专项债主要依靠项目自身的现金流进行偿还，土地储备专项债由项目对应且纳入政府性基金预算的国有土地使用权出让收入偿还，而收费公路专项债则有项目对应且纳入政府性基金预算车辆通行费收入等偿还。市场普遍预计，试点这两种项目收益专项债就是为下一步增加地方政府的专项债额度做准备，可能会随着项目收益专项债范围和种类的扩大而放量，试点范围也可能扩大。

地方政府融资可持续性

对于地方政府融资，要用可持续的眼光看待。基于多年的地方政府工作经验，对于政府融资的可持续性发展，笔者认为这是一项系统工程，需要多层次发力。

首先，政府融资的改革还需要更多方面的社会改革。除却财税改革之外，还要有中央与地方事权与财权的协调，金融市场控制通道、打破刚兑等方面的改革背景。

在没有地方政府破产制度的情况下，风险是无法实现局部隔离的，金融机构也不会打破长期以来形成的对中央救助和“刚性兑付”的迷信。但政府破产是政府的财政破产，并不等于政府职能破产，不允许出现无政府状态。破产政府负担着维持城市居民日常生活的最低限度的公共服务的义务，同时，通过各种控制支出、增加收入的方法，改善赤字和债务恶化的状况，恢复财政收支平衡。政府破产要对决策者终身问责，普通公职人员的工资、养老待遇也要承担一定的损失。

为了防范道德风险，地方政府破产后，中央政府不会无条件救助，如果地方政府希望上级政府施以援手，必须牺牲自治权利。比如，美国底特律市财政破产时，密歇根州政府指派的底特律紧急事务主管凯文·厄尔取代民选市长，临时剥夺底特律的地方自治权。法国地方政府出现运转不灵、债务违约的情况时，由总统的代表，即各省省长直接执政，原有的地方政府及地方议会就此解散，所欠债务由中央先行代偿，待选举产生新的地方政府和议会之后，再制定新的财政计划（增税、削减开支）逐步偿还原有债务和中央政府垫付的偿债资金。日本地方政府一旦根据《地方财政再建促进特别措置法》寻求财政重建，就意味着地方政府破产。地方政府将被剥夺地方自治权，编制预算必须由中央政府批准，基本丧失了政策自主性。

43 号文以来，中央政府反复强调不救助地方政府债务的原则，但是很难扭转市场预期，因此必须有像底特律破产这样的具体案例，允许地方国有企业和政府破产，投资者才会真正相信中央政府要阻断隐性担保。金融机构才会打破刚性兑付的迷信，真正用市场化手段，甄别地方政府的信息透明度，有效识别地方政府的融资能力和风险信用等级，对不同地方的融资需求有保有压，实现防风险与稳增长的平衡

在这种制度下，责任模式才会回归到“谁借谁还”的风险承担的范畴之内，倒逼各级政府在举债谋发展时，必须明确有多大财力制定多大的发展目标。这种把发展目标确定在财力允许的范围内的“量体裁衣”，会有助于推动城市化的可持续发展。

其次，身为主政者，要改变政绩观，不能为“政绩工程”盲目上马项目，给政府财政增加过多负担，而要进行有效投资。投资资金应该流向更需要发展更关乎民生的领域，而不是去搞重复建设、浪费资源、增加无效供给。在终身问责制之下，政府官员更要注意。

中国的官员通常在不同的地区间、部门间轮转升迁，要持续接受组织部门、纪检部门的约束。如果按照全国金融工作会议“严控地方政府债务增量，终身问责，倒查责任”的要求，在干部考核和选拔任用中加入财政管理绩效的指标，将有效管住地方政府债务。

第三，要注意扩大财政收入来源。降低债务率的方法有两个，一个是降低政府债务余额，另一个是提高财政收入。政府债务余额在短期内很难降低，更有可能增加，因为还存在大量融资的需求，所以要重视提高当地政府财政收入来降低债务率。包括并不限于扶持中小企业发展增加税收、大力发展乡村经济、推出人才落户等政策。

第四，在融资方式上要创新探索。包括扩大直接融资方式的比例，如债券发行；还要推广和社会资本的合作模式，即 PPP；探索资产证券化，为政府表内债务减负等。

第五，要继续发挥好城投平台的作用。城投公司转型非常重要，城

投公司过的好，才不会让风险蔓延。作为重要的地方国与企业，城投公司在长期担任地方政府投融资平台的历史积淀下，“重民生轻盈利”“盈利让步于服务社会”已经深入企业文化之中。地方政府应该更好地发挥正在市场化转型的投资平台的优势，使其继续为城市建设服务。

延伸阅读：“老财政”的新挑战

“老财政”刘昆执掌财政部：将应对央地财权划分等挑战

降蕴彰　王延春

3 月 19 日，新一届中国财政部部长人选落定，刘昆，一个让多数人感到陌生的名字在网络和媒体流传。很多人问：“刘昆是谁？”有关他的搜索信息也不多。实际上，62 岁的刘昆并非横空出世，而是有丰富经验的“老财政”。

经全国人大批准，刘昆被任命为新一任中国财政部部长。一位不愿具名的财政部官员在接受《财经》记者采访时评价：刘昆既是改革派，又是实干家，同时还是一个地方工作经验颇为丰富的“老财政”，他做“财政部长”并不出乎财税界意料。联办财经研究院院长、前国税总局副局长许善达表示，刘昆在财政和地方两个领域的工作经验，有利于他未来更好地开展工作。

刘昆是广东饶平人，厦门大学经济系财政金融专业本科毕业，广东省委党校经济学专业研究生。从 1988 年至 2013 年 4 月，一直在广东省工作。2013 年 5 月调任财政部副部长，分管国库司（国库支付中心）、经济建设司、监督检查局、财政部驻各地财政监察专员办事处、信息网络中心。

据中央财经大学教授温来成介绍，刘昆是在 46 岁被任命为广东省财政厅厅长。在他主政广东省财政厅期间，广东财政改革先后完成了统一岗位津贴、清产核资、清理单位银行账户、清理行政性资产、深化“收支两条线”管理等一系列改革任务，并在全国开创性地进行了预算指标管理系统和国库支付系统的整合，实现了预算编制与执行的衔接。其外，广东还推行了综合预算试点和加强政府采购预算编制。在刘昆主政广东财政厅 8 年推行的一系列突破性的财政改革，均走在全国其他省份的前列。

刘昆在财政领域担任重要职务长达 10 多年，财政管理经验丰富，2002 年至 2010 年任广东省财政厅厅长、党组书记，2013 年 5 月任财政部副部长、党组成员，主管国库司、经建司等部门工作，对地方财政、全国财政管理、预算工作等财政工作都很熟悉。在此次选任财政部部长之前，他是全国人大常委会预算工委主任。财政部科研所金融研究室主任赵全厚告诉《财经》记者，国务院给财政部下达任务，2020 年要基本完成中央和地方财权划分，下一步，刘昆执掌财政部，将要面对这一艰巨任务挑战。

专家提出，要处理好中央和地方财权事权划分，需要对经济落后地区有更深刻感受，赵全厚等专家对此分析，其实经济发达地区与经济落后地区的横向联系也很多，刘昆在广东工作阶段较长，在任职广东省财政厅长、广东省副省长期间，也与落后地区有较多联系，这都有利于他更好地完成中央和地方财权事权划分工作。

刘昆担任财政部副部长 3 年多时间，主管国库司、经建司等部门工作，财政部一位曾在刘昆分管的司局官员介绍，刘昆长期在财政部门工作，专业能力很强，做事也很谨慎。温来成说，自2016年5月全面推开营改增试点之后，所有行业企业缴纳的增值税均纳入中央和地方共享范围。此后，中国同步实施了调整中央与地方增值税收入划分的过渡方案。当时是在刘昆主持下，调整了中央与地方增值税收入划分，这一作为深受财政领域人士称赞。

刘昆虽较低调，但近年的调研足迹彰显他关注的财税问题颇为广泛。他曾在地方多次调研国家财政性教育资金分配和使用、非税收入规范管理，加大减税降费力度、助力企业减轻负担等内容，下一步一些焦点的财税难题有望逐一化解。

要啃央地财政改革的“硬骨头”

2017年12月27日，在京召开的全国财政工作会议上，时任全国人大常委会预算工委主任的刘昆在前台就座。

作为财税改革中“难啃的硬骨头”，央地财税关系正进入深水区，当前需要解决的难题是，由于中央与地方权责不清，政府提供涉及民生的基本公共服务的央地财政职责划分仍然纠结。理顺央地财税关系必然涉及利益关系的调整，将要面临的阻力不小，刘昆将接棒肖捷，继续完成中央与地方财政事权和支出责任划分的改革。

2014年发布的《深化财税体制改革总体方案》明确了三大任务，分别是改进预算管理制度、完善税收制度、建立中央与地方财政事权和支出责任相适应的制度。赵全厚告诉《财经》记者，现在国务院调整财税改革战略，已经将中央与地方财政事权和支出责任划分必须排在首位，并明确提出，在2020年要基本完成这一重大任务。

现在距离“十三五”期末只有两年多，中央与地方财权事权划分改革进程，将会越来越加快。赵全厚说，央地财政事权划分重点有两方面：一是要将由中央与地方共同承担支出责任、涉及人民群众基本生活和发展需要的义务教育、学生资助等基本公共服务事项，列入中央与地方共同财政事权范围。二是规范基本公共服务领域中央与地方共同财政事权的支出责任分担方式，主要实行中央与地方按比例分担。按照国务院要求，到 2020 年，要逐步建立起权责清晰、财力协调、标准合理、保障有力的基本公共服务制度体系和保障机制。

赵全厚说，在中国财政体制改革实务操作层面、财政政策运用和推动财税改革落地等方面，刘昆都颇为熟悉，堪称是深刻了解中国财政实情的技术性官僚，有能力应对新一轮财税改革的挑战，实现在 2020 年基本完成中央和地方财权的划分。

直面财政领域的新老难题

在未来发展需要进一步淡化 GDP 目标，改革和完善政绩考核体系的大背景下，如何防控地方债务风险是一大难题。刘昆在财政部分管监督检查局等部门以及在全国人大财经委、全国人大常委会预算工委的工作经历，使市场预测，他可能在防控地方债务风险，监督财税收支管理方面发力。

中国人民银行研究局局长徐忠表示，由于我国中央地方财政关系没有理顺，地方政府行为曾多次陷入了“一收就死、一放就乱”的怪圈。各地仍在利用政策漏洞隐蔽债务，隐性债务规模仍在继续扩大且难以监管。

据了解，财政部已经在推进防控地方政府债务风险，制止违法违规融资担保行为，严禁以政府投资基金、政府和社会资本合作（PPP）、政府购买服务等名义变相举债。原财政部部长肖捷近日在“两会”表示，要督促地方落实主体责任，加大问责追责和查处力度，完善政绩考核体系，做到终身问责，倒查责任。加快推进融资平台公司市场化转型。

如何把钱花在刀刃上、花出实效？由于刘昆在财政部分管监督检查局和财政部驻各地财政监察专员办事处、投资评审中心等部门，所以更多财税体系的人相信刘昆可能在预算绩效管理改革方面推进。

据了解，今年全国一般公共预算支出规模约21万亿元，目前预算绩效管理仅限于一般公共预算，下一步绩效管理范围将逐步扩大到所有的财政资金，包括政府性基金预算和国有资本经营预算。

采访的专家认为，现代预算制度强调预算不再是简单的政府年度收支计划，而是政府施政最重要的工具。因此，需要深化预算绩效管理，创新预算绩效管理方式，完善预算绩效管理制度体系。据悉，目前，很多地方政府均已开展绩效评价工作，虽然预算绩效管理改革取得了较快的进展，但总体上，当前预算绩效管理实践仍然处于起步阶段，一些地方财政收支压力大，改革模式多样但绩效提升效果有限，绩效评价指标体系设计尚不完善。下一步，有望在新财长的主政下，继续深化改革，进一步细化预算内容，扩大绩效预算公开范围。

另外，在全球减税降费竞争的大环境下，2018年，中国将继续实施减税降费政策，用财政收入的减法来换取企业效益的加法和市场活力的乘法。全年减税预计超过8000亿元，通过清理规范政府性基金、行政事业性收费和经营服务性收费等预计减负3000多亿元。这也将是刘昆财长的重要课题。

与此同时，房地产税、个人所得税改革社会关注度颇高，2018年两大税改如何推进？下一步如何加快启动税改方案，加快个人所得税修法、房地产税立法等进程都将考验新财长。

（原载《财经》，2017年3月19日）

结　语

随着金融监管力度的进一步加强，地方政府开始挤 GDP 和地方财政收入的水分，地方政府债务的化解和可持续融资能力的建设必将面临更严峻的挑战。

从唯 GDP 论英雄，到开始竞相挤水分，充分说明地方党政官员的政绩观有了很大的改进。

这一方面是因为大的环境氛围的改变。从十九大提出新时期主要矛盾的改变，到中央经济工作会议不再提出增长具体目标，都表明与过去更多追求 GDP 的总量增加相比，人们更追求发展的质量。

另一方面，这当然也和地方领导面临越来越大的增长压力有关。产能过剩、金融泡沫和地方政府债务风险环环相扣，互为表里。新旧动能的转换不可能一蹴而就，“三去一降一补”未竟全功，与此同时，过去大干快上的模式也难以为继：中央政府已经明确表态“谁的孩子谁抱”，不会为地方政府债务兜底，地方政府面临沉重的偿债压力。各地政府开始挤水分，表明家底儿可能没有人们想象得那么厚。

中央提出 2018 年的三大任务之一就是防范金融风险，而“地方政府隐性债务风险”是三大攻坚战之一“防范化解重大风险”的重要组成部分。实际上，除了地方政府债务本身的风险外，与地方违规举债相关的金融乱象也是金融风险的乱源之一。

也因此，一段时间以来中央三番五次提出要对领导投资决策和地方政府债务终身问责。近期，一些地方政府违规举债也被通报批评，这表明不仅旧债要还，新债也不能乱举。旧债不易还，新债不易举，旧增长模式已终结，高质量发展挑战大，面临除旧布新双重压力的地方政府官员，终于意识到对 GDP 的追求也要量力而行了。

过去中国经济高速增长的一大推手是在以 GDP 论英雄的发展观和政绩观下，政府强势汇聚资源的能力。这也是赶超型经济体的普遍特色。

在这种政府强势主导格局下，地方经济发展所需要的财力，除了地方财政外，多是以来自银行体系的间接融资为主，并由政府决定银行资金的走向。

早在改革开放之初，邓小平就指出，要把银行办成真正的银行。经过持续不断的改革，中国的银行业和金融体系在很大程度上已经摆脱了作为国企提款机和地方财政出纳的角色，但政府在经济发展中的强势作用，导致地方财政与金融体系难以做到真正的区隔。地方债务风险和金融乱象的根源之一就是不规范的银政合作。

伴随着今后政府在市场经济中角色的进一步厘清，从经济建设的主要参与者转换为市场经济平稳高质运行的秩序维护者和制度供给者，今后各个地方政府间比拼的将不再是GDP，而是公共产品供给的丰富性，和以可持续的融资为核心的财政能力。

而随着地方政府举债搞建设冲动和动力的弱化，今后地方政府也要更多面向市场直接融资，以直接发债为主。也因此，政府和金融市场的合作不仅不能弱化，还要强化和深化，关键是要合规公开透明。

与此同时，存量地方政府债务的化解也离不开金融市场的配合。从某种意义上讲，这是两者互相完善相互促进的过程。要在地方政府债务风险化解的过程中，完善规范金融市场，比如建立全国统一的不良资产处置规范和标准，还要借此推进金融市场的深化和金融产品的多样性，比如REITS和各种资产证券化产品等。

要言之，要在存量债务处置和增量地方债发行的过程中规范政府行为。除了市场基于地方财政能力用脚投票的外部选择倒逼之外，地方人大也要进一步发挥监督作用，以更好地实现与地方财力相匹配的经济发展和民生改善。

路漫漫其修远兮，吾将上下而求索。地方政府债务的化解和新时期地方政府可持续投融资能力的建设，没有捷径可走。这不是一个轻而易举的任务，没有现成的解决之道，需要在我国全方位的改革中逐渐求解。此一目标的实现还需要配套其他一系列的改革，比如进一步理顺央地关系，实现事权财权更合理的匹配，推进地方主体税种的构建等等。此外，一个相伴而生的新议题就是如何尽快构建适合新发展观的地方政府政绩考核标准和新激励机制。

最后，感谢湖南省委组织部给我提供挂职锻炼和全新的学习机会，使我对金融经济有了更深刻、全面的敬畏和认知；感谢招商银行长沙分行和澧县县委、县政府的领导、同事们对我工作和生活的关爱以及大力支持。本书初创过程中，《财经》杂志苏琦、龚奕洁，《中国商报》朱梦秋，恒大研究院周哲四位朋友，给我提供了大量写作素材；西南财经大学毛中根教授、上海立信会计金融学院施继元教授、储峥教授给我提供了写作指导。尤其在后期，贾康、丁华安、陈兴动三位首席经济学家百忙之中给我写序推荐；经济日报出版社肖小琴主任付出了辛勤的劳动。在此一并表示感谢！

与此同时，我还要感谢我的家人，挂职和写作期间，他们为我做出了很大的牺牲。我把我的这本书献给他们！

何高峰

2018 年 7 月 31 日

主要参考文献

[1] 王喜梅. 地方政府债务风险管理机制研究 [J]. 政策研究，2017.10

[2] 成涛林. 地方政府融资平台转型发展研究 [J]. 现代经济探讨，2015.10

[3] 毛丹. 基于地方政府投融资平台公司的融资问题研究 [J]. 湖南大学，2015.1

[4] 合众思维. 让你清晰读懂土地储备专项债如何发 [Z]. 城投智库，2017.9

[5] 吴志武. 城投公司转型特征及转型信用分析 [Z]. 鹏元评级，2017.11

[6] 姜超，李宁，朱征星. PPP 系列研究报告 [Z]. 识局，2015.4

[7] 中诚信研究院. 化解地方政府债务风险的国际经验及启示 [Z]. 中诚信国际，2017.8

[8] 周伟. PPP 的这些关键点，一个都不能忽视 [N]. 中国政府采购报，2015.10

[9] 邓锐. 关于资产证券化化解地方债务问题的思考 [J]. 观点，2012.4

[10] 陈益刊. 强化财政支出 10% 红线，严禁变相举债 [N]. 第一财经日报，2017.8

图书在版编目（CIP）数据

警惕"灰犀牛"：政府债务化解与可持续融资／何高峰著．--北京：经济日报出版社，2018．7

ISBN 978－7－5196－0401－1

Ⅰ．①警… Ⅱ．①何… Ⅲ．①地方政府－债务管理－研究－中国②地方政府－融资－研究－中国 Ⅳ．①F812．7

中国版本图书馆 CIP 数据核字（2018）第 156705 号

警惕"灰犀牛"：政府债务化解与可持续融资

作　　者	何高峰
责任编辑	肖小琴
责任校对	杨欣萌
出版发行	经济日报出版社
社　　址	北京市西城区白纸坊东街 2 号 A 座综合楼 710
邮政编码	100054
电　　话	010－63584556（编辑部）
	010－63538621　63567692（发行部）
网　　址	www.edpbook.com.cn
E － mail	edpbook@sina.com
经　　销	全国新华书店
印　　刷	北京文昌阁彩色印刷有限责任公司
开　　本	710×1000 mm　1/16
印　　张	15.25
字　　数	200 千字
版　　次	2018 年 9 月第一版
印　　次	2018 年 9 月第一次印刷
书　　号	ISBN 978－7－5196－0401－1
定　　价	60.00 元